繁盛したければ一等地を借りるな！

# 復刻版の発刊によせて

鹿野雄二

はじめに自己紹介をさせていただきます。

私は、昭和38年生まれの還暦を過ぎたいい親父です。

千葉県松戸市栄町に「う奈ぎ道場」（完全予約制）を43歳で開業し現在に至ります。

千葉県の公立高校を卒業後、住み込みで都内の日本料理店に修行に入り、いっぱしの料理人になることを目指して、日々仕事に打ち込んでおりました。

7年半の住み込み修行を終えたあと、数軒で修行を重ね29歳の時に初めて料理長として板場に立ち、その後も何軒かの日本料理店で料理長を務めました。

ここまでは順調に来た私の人生ですが、35歳の時、私が料理長を務める日本料理店が親会社の都合で閉店することになり、従業員はすべて解雇、調理場の6人も職を失いました。職人でいる以上やむを得ないことでもあります。私は、調理場の若い衆の生活を混乱させないために、すぐに就職せずに、若い衆と再び同じ調理場で働ける料理店を探しました。

しかし、現実は思うようにはいきません。

仕事を待ち続け、あっという間に2年の歳月が流れました。

私には妻と3人の小さな子どもがいます。仕事を待つ2年間で、僅かな蓄えも底をつき、もうこれ以上失業状態でいることは許されないところまで追い込まれました。理想の仕事場が出るのを待っていては、家族を路頭に迷わせてしまう。そんな思いが強くなり何とかしなければ、と思うのですが、何をすればいいのか思い浮かびません。私は料理以外の仕事をしたことがないので、違う仕事に就く選択肢などないのです。ならば、残された道は自分でお店をやるしかないじゃないか。

しかし、蓄えはゼロ。公的な金融機関には借り入れを断られ、八方塞がりとなりました。もともと料理人（職人）として生きていくつもりで働いていたので、経営者になる修行はしてきませんでした。恥ずかしながらまったくの経営オンチです。

そんな私が、店をやっていけるのだろうか？

もしかしたら、このほうが家族に迷惑をかけるのではないだろうか？

そんなことばかり頭の中をかけめぐっていました。

だからといって、のんびりしている時間などありません。さあどうしよう？

考え抜いた末、資本が無くてもお店をやれる道がひとつだけありました。

それは、改築せずにそのまま残っている、５年前に廃業した実家の寿司屋をそのまま利用させてもらうことです。

その場所は、かつては賑わいをみせた商店街でしたが、多くのお店は廃業し、ただの住宅街になっていました。飲食店を始めようとする人であれば、１００人中99人はスルーする場所かと思いますが、私は残りの１人の道を選択することにしました。

ところが、もう後がないところまで追い込まれているのに、いざとなるとこの場所で商売する気になれず、もっといい場所にお店が出せないかと、最後の望みを託し融資のお願いをしようと、常々お世話になっているアクセサリーマルタカ株式会社の直井会長のところに行きました。一通り話を聞いていただき、そろそろ本題に入ろうとすると、「鹿野さんこの本を読んでごらん」と言われ1冊の本を渡されました。その本が『繁盛したければ一等地を借りるな！』だったのです。

結局、融資の話はできずに会長宅を後にしました。

帰りの電車で、「こんなはずじゃなかったんだけどな〜」「融資ＯＫの回答をいただいてニコニコして帰るはずだったのにな〜」「本1冊で帰って来ちゃったよ」と、まったく何をしに行ったんだよと自分にあきれていました。

しかし、この本が私の人生を大きく変えてくれることになるのです。

「立地は良い方がいいに決まっている」

「お客様は神様だから、嫌なお客さんでも頭をペコペコ下げなくてはいけない」

「やりたくないことでも我慢しなければお店はできないものだ」

こんな凝り固まった思い込みが私にはありました。

ところがこの本には、そのようなことはしなくていいと書いているではありませんか。

本当にそれでいいの？　エッ！　そんなことしてもいいの？　ということがたくさん書かれていたのです。これでいいんだったら俺もできるかも、と思えるようになっちゃいました。

やれることはまだたくさんある、というポジティブシンキングに頭の中が入れ替わり、この本は私のために書いてくれたように思えてなりませんでした。著者である清水さんの逆転の発想が、見事に私にハマったのです。

それからは、物事を見る角度が変わり、多くの人はこうしているけど、私ならこうするという独自の考えを持てるようになり、決めたら諦めずに貫くことも覚えました。

この本のタイトルどおり、私の店はここにお客さんは来るのだろうかと誰もが思うような一等地とはいえない場所。今はそこに日本全国から、いやたまには国境を越えてお客さんが来店されるまでになりました。

18年前、誰がこんな店になることを予想できたでしょうか。

あらためて思うのは、あの時、直井会長がお金を融資してくれていたら、今の私はなかったでしょう。この本で良かった。いや、この本じゃなければダメだったのです。私は見事に変わることができました。この本をすすめてくれた直井会長に感謝いたします。ありがとうございます。

これから開業を考えている方、または、現在お店をされている方も、この本を読んで、逆転の発想から新しい自分を発見し、お店の繁盛に繋げられることを心からお祈りいたします。

この度、『繁盛したければ一等地を借りるな！』の復刊にあたり清水克衛さんから直接お電話をいただき、「復刻版の発刊によせて」を依頼され、私なんかでよろしいのでしょうか？　と謙遜してみましたが、とても嬉しくありがたいお話でしたので、よろこんで引き受けました。貴重な経験をさせていただいた清水さんに感謝いたします。ありがとうございます。

私の体験から、みなさんに何かが伝われば幸いです。

う奈ぎ道場　道場主

## ここだけ読んでもためになる「まえがき」

私は、東京は江戸川区の篠崎という、もうひと駅行けば千葉県という場所で40坪ほどの小さな本屋を営んでいます。ですから、自己紹介をひと言ですれば、「本屋のオヤジ」ということになりますね。

そんな本屋のオヤジである私ですが、これまで、生意気にも、どちらかというといわゆる「生き方本」といわれる本を何冊か出していて、ほんとうにありがたいことに、たくさんの人に読んでいただいています。

それで今回、「商売繁盛の秘訣」というテーマで本を書かせていただくことになりました。では、なんでそんな人間に商売繁盛の話が書けるのか――。

そこから話をしないといけませんね。

これはなんでなのか、私にもわかりません。とにかく学研さんの編集部からの依頼なので、そういうお話を書かせていただきます。

私の店は「読書のすすめ」という本屋なのですが、自分でいうのもなんですけど、なんだか、とってもおもしろい店なんですよ。

自分の店がどうおもしろいか、というよりもまず、噂を聞きつけて、それこそ北海道や沖縄からわざわざ飛行機に乗って、うちの店に本を買うためだけに足を運んでくださるお客さんが、たくさんいるんですね。私自身が「なんでわざわざ……いったいなにがそんなにおもしろいんだ?」と思わず聞きたくなってしまうほどです。

そんな話を聞きつけて、なぜかこのごろ、ラジオや雑誌をはじめ、いろんなところに紹介されるようになりました。

『週刊ポスト』(08年8月1日号)でとりあげていただいたときは「妙な店」って書かれちゃいましたけど。

自分では勝手に、ほめ言葉だと思っていますが、変わっていると思われるのは、こういうところなんでしょうね。

うちの店にはいわゆる「ベストセラー」や、今朝の新聞広告にでっかく載っているような本は置いていません。自分では「『ハリー・ポッター』を置かない本屋」と呼んでいます。

　そのかわり、私が全部自分で目をとおして、「これはいい！」という本を置く。で、お客さんの顔を見て、話を聞いたりして、このお客さんはこれを読んだらいいんじゃないかな、という本、それをおすすめします。

　ちょうど魚屋さんが、

「奥さん！　今朝はエボダイのいいのが入ってんだ。お宅のダンナ好きだろ、塩焼きにするとたまんないよっ！」

「あ、お客さん、今日へコんでるでしょ。会社でなんかイヤなことあったんですか？　私もねえ、夕べ飲み過ぎちゃって、カミさんに今朝も怒られちゃいまして。ああ、じゃあ、これなんかいいと思いますよ。あんまりいい本だから、いつもは売らないんですけどね」

　とかいって、お客さんにすすめるのに似ているのかもしれません。

　そうすると、次の日シャッターを開けると、昨日のお客さんが店の前に立っていて、顔を出すなり、「この本、すごかったです！　今朝までに一気に読んで、悩みがすーっと消えて楽になりました！　ひと言お礼をいいたくて、朝から待ってました」って、涙をボロボロ流しながらおっしゃるんです。そんな商いをずっと続けていたら、東京新聞さんが、こんなふうに紹介してくださいました。

仕事や人間関係など、壁にぶつかった人が通う書店がある。東京の下町、江戸川区篠崎町の「読書のすすめ」だ。清水克衛店長（46）は「勝ち組のモノサシがすべてではない」としてお客の悩みに耳を傾け本を処方し、お客同士が感想を交えて励まし合う場を作っているのだ。世直し本屋さんの取り組みとは——。

（『東京新聞』2008年8月4日朝刊）

世直し本屋さんだそうです、私。こんなふうにも書いていただいています。

約40坪の店内にはベストセラーの代わりに、「読んで役に立つ、感動する、笑う、涙を流し、読んだ人を変えるかもしれない本」を清水さんが選び、手書きの紹介文を添え並べている。

うちの店では、お客さんの話を聞いて、その人にふさわしい本を選んでおすすめする。それが喜ばれて、人から人に伝わって、一冊の本がそのうち何千冊と売れてしまうんです。自分や、うちの店員が選んでおすすめした本が長い期間たくさん売れ続ける。だから返品はほとんどありません。

今の世の中、「不況だ、不況だ」なんていわれていて、みなさんたいへんなご苦労をされていると思います。

ひところはその街に住む人たちの〝台所〟だった商店街も、でっかいスーパーができて、そっちにお客さんがみんな行っちゃって、「シャッター通り」なんて呼ばれるようになっていて、元気がなくなってしまったところもたくさんありますね。

さて、『繁盛したければ、一等地を借りるな！』というのが、この本のタイトルです。

たとえば、なにか商売を始めようっていうとき、みなさんは最初からお金があれば、人通りの多い、黙っていてもお客さんが入って来るような、そんな場所にお店を出そうって思うでしょう？

はたして、それでいいのでしょうか？

逆に考えれば、そういった、条件のいい場所で商売されている人が、みんなうまくいっていると思いますか？

たとえば、銀座や六本木ヒルズなどの人が集まる場所、いわゆる一等地で商売をしているのに、数か月で撤退するお店だって少なくありません。

観光都市として知られる街に住んでいる友人に聞いたのですが、その街の目抜き通りとして有名なところも、「シャレじゃなくて、毎週末、通るたびに店ができちゃあ入れ替わってる」そうです。

その反面で、わざわざ不便な場所まで足を運んで、そのお店に通うファンに支えられて、すごく繁盛しているお店がある。

それはなんでなのかなって、思いませんか？

そこで考えたのが、このタイトルなのですが、これはもちろん、立地条件のお話だけではありません。

結論を先にいってしまえば、「不利な条件のなかでこそ、知恵が働く」ということ、そして、その知恵の出し方、使い方で、商売は必ずうまくいくということを、私や、私のまわりの人たちの経験からお伝えできればと……。

これがこの本の「キモ」です。

大手スーパーにお客さんを持っていかれて売り上げが大幅に下がった。「町興し」でいろんなイベントをやっているのに反響がない。毎日毎日がんばっているのに、毎日毎日しんどい……。そんな、元気がない商店主のみなさんに、元気になってほしい。そうすれば、日本は今よりずっと良くなる。

そう思って私も商売を続けてきたわけです。

商売というのは本来、「人を喜ばせる」本当にステキな仕事です。「人を喜ばせる」ことの楽しさに気づいたら、商売は必ずうまくいくはずです。

では、どうやって人を喜ばせるか？

そこで使うのが「知恵」なんですね。それは、そんなにむずかしいことではないということを、この本のなかでお話しします。

もちろん私自身、長いことこの仕事を続けてきて、苦しい時期、つらかった時期がありました。それも含めて包み隠さず、全部お話しします。そのうえで生まれた知恵と、その使い方を読み取っていただければ幸いです。

そこで、ひとつ約束していただきたいことがあります。

本書のなかで、「これは！」ということに出会ったら、すぐに実行してみてください。たとえば、「笑顔になってみてください」というところにピンときたら、本を閉じて、鏡に向かってニッコリ笑顔になってみてください。

この本には、「読んだだけで商売繁盛する」というようなことは書かれていません。でも、書かれていることを実行に移せば、必ず明日からのあなたのご商売がうまくいくはずです。

この本は、きっとあまり売れませんから、売れないうちに早く実践したほうがいいですよ。流行っちゃうと、すぐみんなにマネされちゃいますから。

本書をお読みいただき、小売店の経営者の方だけでなく、営業のお仕事をされている人はもちろん、毎日がんばっている多くの人たちに元気になってもらえたら、こんな幸せなことはありません。そして、あなたのお仕事が、とてもすばらしいものであり、今あるあなたのお店が、優れた多くの知恵を生み出す、どこにも代えがたい〝一等地〟であることに気づいていただきたいと思います。

# 繁盛したければ
# 一等地を借りるな！

売れる店には
理由《ワケ》がある

## 目次

# 第一章

# なぜ、一等地に店を出すと繁盛できないのか？

# 「妙な本屋」ができるまで

まず、私が本屋を開いたきっかけから、話を始めましょうね。

実は私、大学時代はオリンピック出場を目指す柔道青年でした。

ご存知の方も多いと思いますが、大学の体育会というところは、上下関係が非常にキビシい。

とにかく先輩の命令は絶対です。それはもうシャレになりません。

「おい、清水。のど渇いたから飲みもの買ってこい！」

「はい！」

返事が少しでも遅れると、すかさず鉄拳制裁を見舞われます。

「清水、オレは5分以内にファンタレタスが飲みたいんだ」

「……はい！」

ファンタレタスなんてどこにも売ってないですよね。それでも「そんなのないです」なんていえません。

「ハイッ！　したっ！（ありがとうございましたの略）」

で、ダッシュです。

「ちわっ！　探してまいりましたが、ファンタレタスはございませんでしたあっ！」

「そうか、ご苦労！」

「したっ！」

と、まあ、そんな大学時代を送ってきました。

結局、オリンピック出場は叶いませんでしたが、大学を卒業すると、コンビニエンスストアの店長になります。

ご多聞にもれず、コンビニエンスストアというところには、キッチリしたいわゆる「マニュアル」というものがあって、そのとおりにやらないと怒られちゃうんですよ。

でも、その当時から私、マニュアルとは逆のことばっかりやっていたんですね。

たとえば、お昼時にフランクフルトを焼く鉄板に、バターを塗る。

ホントはこんなこと、やっちゃいけないんですよ。でも、おなかを空かせたお客さんがお店に一歩足を踏み入れたとたん、店中にただよう、あのたまらなくおいしそうな匂いに、みんなヤラレちゃうっていうわけです。これでかなり売れちゃうんです。

そんなある日、柔道部の先輩から、「うちのマンションの1階に空き店舗があるから、お前なんかやれ！」といわれたんです。都営新宿線の終点「本八幡」のひとつ手前。東京の端っこで、それも駅から徒歩5分だと。5分っていうけど、ほんとは10分くらいかかる。お世辞にもいい立地とはいえません。

でも、卒業して何年経っても先輩は先輩ですし、先輩の命令は絶対です。

「はい！」

と、いうことでその場所で本屋を始めることにしました。「なんで本屋を？」と聞かれても、あんまりちゃんとした答えはないんですが、とにかく本屋だ、と。

それで始めたのが「読書のすすめ」です。

ところが、本屋というのは、いざ始めようと思うと、他の商売とかなり違う仕組みがあったんですね。

他の商売は、自分で選んでいいと思ったものを売る。ところが出版業界っていうのはどうも違うようで、これがなかなか手ごわい。

でも、そんなこと、ホントに何も知らずに始めたものですから、それはそれは大変でした。

それでも、そのなかでどうやって商売をうまくやっていくか、ということに一生懸命知恵を出して、知恵を使ったので今日までやってこれたんだと思っています。

その仕組みというものが、まあ、良くもあり悪くもあるのですが、本題に入る前に、それをちょっと説明しておきましょう。

## 『ハリー・ポッター』を置かない本屋

まず、出版社が本を作ると、本屋に本が届くまでに取次店さんというのが間に入るんです。いわゆる本の問屋さんみたいなものなのですが、いわゆる文房具とか雑貨品とか、食品とかの普通の問屋さんとはかなり違うんですね。

私も、店があるからなんかやれっていわれて、コンビニの店長から、よし、本屋をやろう！　と、なにもわからないまま、始めてはみたものの、「なんだ、これは？」の連続で、正直いって、そこは特殊な世界だったのです。

ところで、今、日本で毎日どのくらいの点数の本が刊行されているか、ご存知ですか？

本、いわゆる書籍だけに限っても、２００６年に刊行された書籍は約８万点といわれています（２０２４年は約６万５千点）。３６５日で割っても約２２０点。土日や祝日を入れても毎日毎日、２００冊を超える新商品が本屋の店頭に並ぶ計算になります。

問屋さんである取次店は、出版社から新刊を預かって、それを毎日お店に届けてくれるのですが、他の商売とは大きく違っているのが、こちらが仕入れたいものではなく、「これを売れ！」みたいな感じで、頼んでもいないのに勝手に送りつけてくること。

それをどうやって決めているのかというと、「過去の実績」というヤツなんですよ。

これは、「ＰＯＳシステム」という、店のレジと取次店のデータベースが繋がっていて、「どの本が、どの店で、どういう人に、いつ売れたか」っていうのが、売れたとたんにわかるようになっているという、実にスバラしいものによっています。

そのデータから、「この本屋は、この出版社の本がよく売れている」「このジャンルの本が売れる」っていうのを見て、機械的に割り振られて送られてくる。

逆にいえば、「この本を売りたい！」って思っても、入荷されないっていうことも多いのです。実績がないから、売れているもの、売りたいものが入ってこないんです。

コンビニっていうのは、流通の世界でもいち早くこの「ＰＯＳシステム」というものを導入していた、いわば先駆け的な存在だったのですが、そこではこのデータをもとに、「こういうものが売れるんだな」という仮説を立てて、それならば、「こういうものが売れるだろう」という可能性を持った商品を探して店に送る。そういうふうに使っていました。

　ところが、本屋は違うんですね。データを見て、「こういう（ジャンルの）本はこの書店で動きがいいから、この手の本はここに送ろう」っていうふうに使う。おわかりでしょうか？

　過去のデータを見て、これから出る商品を送ってくる。

　ということは、こちらが「よーし、この本たくさん売るぞ」って思ったものでも、「あ、ここはこれまでにこういう本が売れた実績がないからね」というひと言で片づけられて、売りたい本が入荷しないんです。

『ハリー・ポッター』の最新刊が、発売日にワイドショーなんかで取り上げられ、マスコミでいくら話題になっても、新宿や池袋の大型書店に何百冊もたくさん詰まれて、行列ができても、うちの店には1冊も入ってきません。

　はい、これで『ハリー・ポッター』を置かない本屋さんのできあがりです。

「本は、お前んとこでしか買わないよ」なんてありがたいことをおっしゃってくださるお客さんがいて、注文してくださるのに結局入ってこない、なんてことは、いくらでもあります。

「お客さんからの注文ですが、１００冊お願いします」っていっても、「部数調整が入ります」といわれて、結局1冊しかこなかったなんてこともあります。

これで困っちゃいましてね、こっちから出版社の倉庫に出向いて行ったんですよ。

そうしたらなんと2時間も待たされて……。なんてこともありました。

ある意味、出版業界っていうのは、こういうところなのです。

さらに、出版業界の特殊なところっていうのは、まだあります。

# 本屋は値段でサービスできない

本の流通っていうのは、「再販制度」というものに従っています。

ほとんどの書籍にはだいたい6か月間の委託期間があって、つまり、本屋は出版社と取次店から「おたくの店では、これを売ってね♪」と委託された商品を売っているというわけです。

委託されているわけですから、その間であれば売れない商品は「返品」することができます。

そのかわり、売れ残っても値下げをして売ることはできません。

コンビニでも駅の売店でも、駅前の本屋でも、『週刊少年ジャンプ』は250円（現在は税込300円）。

この本も、どこのお店で買っても税込1650円です。

店主の私が書いたからって、「読書のすすめ」で、2000円で売ってはいけません。だからうちの店でも税込1650円。

「返品」できるかわりに、売れ残っちゃったからって、スーパーのように夜7時過ぎからの「お惣菜タイムサービス！　コロッケ100円引き！」なんていうことができないんですね。だからといって、私の本がタイムサービスで650円で売られていたら、ちょっと悲しいですが……。

また、毎日毎日たくさんの新刊が届くのに、店の大きさなんてそうそう変えられませんから、新刊を並べる場所を確保するために、動きの悪い、売れていない本はどんどん返品されていく、ということになります。

お店に出ている期間が短ければ、お客さんに「こういう本が出ている」ということに気づいてもらえませんね。

さらには「ジェット返品」といって、店に並べられもせず、ともすれば、段ボール箱を開けられることもなく、そのまま返品されてしまう本だってあります。

本が売れないで、返品が増えると、取次店は、出版社から預かる部数を減らします。そうすると、出版社は、預かってもらえないのでこれまでと同じ部数は作れなくなります。

そうなると、1点あたりの発行部数はどんどん減っていきます。

これまで1万部預かってもらっていたものでも、たとえば5千部しか作れなくなります。

出版社は、売り上げを減らすわけにはいきませんから、1点あたりの発行部数が減ったら、その分商品数を増やさなければなりません。このあいだまでは、1か月に1万部の本を10点出していたのが、5千部しか取ってもらえないので、20点出さなければならなくなる。

こんなことが、ずっと続いて、20年前の倍の点数の本が毎日出るようになったというわけです。

これが、出版業界の仕組みです。

## 「泣かす、笑かす、びっくりさせる」

本屋を始めるときにも、この取次店が、それはまあ、いろいろいってくるわけです。

「こんな場所に本屋を出したって、売れるわけないでしょう」とかね。

さすがに、「エロ本専門にしたほうがいいんじゃないですか」といわれたときには、相当頭にきましたよ。それだけに、「ちっきしょー！　今に見てろよ」という気持ちでがんばれたというのもありましたが。

そりゃあ最初は正直いって大変でした。

頼みもしない商品が毎日毎日送られてきて、売りたい本が入ってこない。毎月の支払いだって待ってくれません。

それでも私は、商人としての自分のやりかたを変えませんでした。

今でもずっと、うちの店のマニュアルは、「泣かす、笑かす、びっくりさせる」、この3つだけです。

初めてお店に来られたお客さんがびっくりされるのは、本屋なのに本といっしょに靴下を売っていたり、なぜか店内に置かれたソファの脇には、一升瓶がたくさん並んでいたり（ときどき、勝手に飲んでいるお客さんもいます。でも、帰りに別のお酒を置いていってくださるので、減りません）、わざと通路をふさぐように本の入った段ボールが並んでいたり、段ボールの切れ端に手書きで書いたPOPなどが飛び出している光景ですね。

棚も、実用書の並んでいるところに、突然絵本が入っていたり、平台にわざとさかさまに本を積んだり……。

これね、わざとやっているんです。

通路に、本が入った段ボールの箱やPOPが飛び出していたら、ふつう邪魔だって思うでしょ。でも、お客さんの足は止まる。

そこで、そこに書かれた言葉、たとえば、「この本はお売りできません」とか、最新刊ならぬ、『最古刊』とか書かれていたら、びっくりしませんか？

まだ、売り場の棚に並べられてない本が通路の段ボール箱に無造作に置かれていたら、つい手を伸ばしてみたくなりませんか？

お客さんが選んだ本を、お金を払うためにレジにお持ちになると「お客さん、その本よりこっちの本のほうがいいですよ」なんて勝手に押しつけちゃう。

ね、とんでもない本屋でしょう。

そんなある日、偶然お店にいらしたあるお客さんに、いつものように、「この本、いいですよ」とおすすめしたんです。そうしたら、「君、おもしろいねぇ」とおっしゃって、その本を買っていかれました。

翌日、そのお客さんからお電話をいただき、「昨日すすめてもらった本、いい本だったから会社のみんなに読ませたい。100冊注文するよ」といわれました。

これには正直びっくりしましたが、そのお客さんが、あの有名な「銀座まるかん」の創立者、斎藤一人さんだったというわけです。

これがご縁で一人さんの本を書かせていただいたり、共著で本を出させていただくようになったのですが、それらの本などで「読すめ」のことを知って、だんだん全国から、たくさんのお客さんがいらしてくださるようになったんです。

お客さんを「泣かせる」「笑わせる」「びっくりさせる」。

たとえば、私はお店にきてくださったお客さまと話をしていると、いつも「今、こういうことにこんなふうに悩んでいるので、なにかおすすめの本はありませんか?」という話題になり、つい何時間も話し込んじゃうんです。

そこでお昼時なら「ラーメン食べに行きませんか」。夕方過ぎたら「ちょっとビール飲みに行きましょうよ」とお誘いすることもあります。

そりゃお客さんもびっくりしますよね。本を買いに来たのに、本屋のオヤジに「飲みに行こう」って誘われちゃうんですから。

で、ひとしきり話して、本を買って帰っていかれる。1500円の本1冊売るのに、気がつくと、こちらは1万円くらいおごっちゃっているんです。

でも、次にくるときは、それこそ段ボールいっぱい買っていってくださいます。そして、そのお客さんが今度はお友達を連れてきたり、「あそこの本屋に行ってごらん」と紹介してくださる。

それが広がって、今では、日本全国からわざわざ足を運んでくださったり、「本は『読すめ』でしか買いません」というお客さんがたくさん増えてきたり、ということがあります。

これは別に、お客さんにおごってあげなさい、といっているわけじゃないですよ。

本は値引きして売ることができませんから、「安くしますよ」っていうサービスができない。だから、どこの店で買っても同じ値段。じゃあ、どうやってうちの店で買ってもらうか。

私は、商売繁盛の秘訣って、ここに隠れていると思っています。

どうして売れないのか、という理由を考えるより、お客さんを感動させることをなにか考える。

お客さんを「泣かせる」「笑わせる」「びっくりさせる」っていう付加価値を考えれば、そこにドラマが生まれて、それが一番のサービスになるんですね。

しかも、それってお金はかからないんです。いや、むしろ、お金をかけないでできることを考えるんですね。

それからもうひとつ、「ありえねえ〜！」ってことを、「それ、ありかも」っていう視点で考えてみる。

たとえば、パン屋なのに、「おにぎりはじめました」なんて、おもしろいと思いませんか。お客さんびっくりすると思いますよ。

びっくりして、笑っちゃって、喜んでくださる。「なんで？　ここパン屋さんじゃないの？」って。でも、思わず買っちゃいますね、私なら。

ラーメン屋さんなのに、夏はカキ氷が看板商品、とかね。

どうやってお客さんを喜ばせるか――。

これが「商人」の知恵だと思うのです。


「金魚すくい」のはじまりって、知ってますか？　神社のお祭りや夜店の屋台にあるアレです。

今でも金魚は養殖されて売り買いされていますが、ある人が、単に売り買いしたんじゃおもしろくないなって、そこで考えたんですね。

「紙一枚、はさんでみよう」

すると、単なる金魚の売り買いが、紙一枚はさむことで「金魚すくい」っていうゲームになったんです。

日常生活においても、この「紙一枚の工夫」をしてみる。

そうすると、新しいものが生まれる。

先に書いたコンビニ時代の話もそうなんですが、まずは、マニュアルには書いてない、「他の店と違うことを、ひとつでいいからやる」ってことが大事だと思います。

自分ならなにができるか。

そこで、自分が得意にしているものを、もっと極めて、それを売りにすることで一番になればいいんです。

それがそのお店の個性になって、その個性にお客さんというファンがつく。たとえば、あなたが無口なら、その無口を売りにすればいいのです。

——こんな考え方で「妙な本屋」はできています。

# プラスマイナスで考えない。裏と表で考える。

たぶん、困ったことがないと、成功ってできないんだと思います。

人間は、もともとなまけものだから、問題が起こらなければ、なんにもしないようにできているのです。

なまけものだから、なんにもしたくない。だから楽して得したい。

それで最初から、人がたくさん集まる場所にお店を出そうって考えるんですね。

同じように、条件の悪い場所に店があるのを、まずプラスマイナスの、マイナスだと考えてしまうんです。

そこで最初にあきらめちゃう。立地が悪いからって。

だから、問題の起こらない、だまっていてもお客さんが入ってくるような「一等地」のほうを天国だと思っちゃうんですね。

それで、ちょっと売れるとイバリたくなる。いいとこに店を出せばエライって思っちゃうんです。

「ここが一等地だったら」「宝くじが当たったら」「株で儲かったら」「上場できたら」なんて、みんなそういう、世間でいわれている「いい」ということをめざしてしまう。

でもね、実は、それをやったら〝苦しくなる〟んです。

「たら、れば」ばかりを考えてしまう。

とはいえ、実際に、一等地でやってる人たちを見ていると、このあいだまであった店が、今日通ってみたら潰れちゃってなかった、っていうその繰り返しです。

かろうじて長続きしているのは、上場しているような大きな会社だけですね。

それに、うまくいかないと場所のせいにできます。そして、現実は、がんばってもがんばっても、家賃のために働いている。

それじゃつまらないじゃないですか。

お釈迦さんもいってますが、「生老病死」というのはつらいことです。

人間はみんな死にますよね。それを、つらいつらいといっていても始まらないから、まずそこから考えていこうと。

まずは、言いわけのできないところに自分を持っていく。

たとえば、結婚したら大変なことがいっぱいありますよね。

「2杯目の珈琲は嫌いだ」という有名な作家の言葉がありますが、これは、一人なら、飲みたいときに珈琲が飲めるけど、結婚して二人になったら、お互いの飲みたい時間があるのに、相手に合わせて相手の好きな珈琲をもう1杯飲まなきゃいけない、そんなのはゴメンだ。という意味だそうです。わがままでしょ。

生きることも、結婚も、修行だといいますが、相手に合わせるのはつらい、自分勝手のほうが楽。たしかに一人でいるほうが楽なんです。

生老病死も2杯目のコーヒーもあって、じゃあ、それをどうやって楽しむか、っていうのが知恵の使いようだと思うんです。

たとえば、都営新宿線篠崎駅を「読書のすすめ駅」っていう名前に変えちゃおう！

それで、篠崎を銀座みたいにしちゃえばいいって。

じゃあ、それをやるにはどうしたらいいか。

そんなことを考えていると、楽しくなって、その分、いい知恵がどんどん出てくるんですよ。

商売をしていたら、毎日のように問題が起きますね。

サラリーマンなら、そうむずかしくない問題でも、自営業だったら、それがすごくむずかしいことだったりもします。

そのむずかしい問題、今ぶつかっている困難な壁を、どうやって楽しむか。

これがこの本の「裏」のテーマだったりします。

## 飲茶『あした死ぬ幸福の王子』（ダイヤモンド社・2024年）

この本の帯にこう書かれています。「なぜあなたは幸せを実感できないのか？　なぜあなたは生きる意味を見出せないのか？　なぜあなたは不安に襲われるのか？　全ての答えがここにある」こういう文言のほとんどはウソッパチが多いのですが、私が読んでみてこれは確かだと確認できましたので、どうか安心してお読みになってみてください。この本の内容は、20世紀最大の哲学者と呼ばれるハイデガーという哲学を学ぶことにありますが、その語るところがあまりにも難解なので、著者がある国の王子を主人公にした物語にして、簡単に楽しくハイデガーの哲学を語ってくれています。人間とは何か？　死とは何か？　というところから最後の感動的なストーリーまで一気読みでした。人生100年といわれる昨今だからこそ、哲学的な思索こそが今私たちに必要不可欠なことであると信じます。愉快な人生を歩むためにぜひ読んでみてください。

# 第二章

## 「今」の非常識を売りにすれば、人は集まる

# よその店となにか違うことを考える

あなたがパン屋さんだったとして、何を売りますか？　という話に戻るのですが、パンを極めようと思ってパン屋になったということだわりはたいせつですが、だからって、「なんでおにぎり売っちゃいけないんですか？」という発想が、ここでは大事だと思うのです。

「おにぎりを売ってるパン屋なんかないよ」って思うのは、きっと他のパン屋さんを見て、そのお店と比べてしまっているのではないでしょうか？

「あそこはパン屋なのに、おにぎり売ってるぞ」なんて、みんな、まわりからどう思われるかっていうことを先に気にしちゃうんです。

まわりに合わせたり、比べたりすると、自分はどんどん苦しくなります。

「そんなことやってるパン屋なんか、他にいない」なんてね。

他にいないからこそ、やっちゃえばいいんです。

ひょっとしたら、あなたの奥さんはパンよりもおにぎりのほうが好きで、とってもおいしいおにぎりを作ることができるかもしれませんよ。毎日手伝いに来てくれるパートの人だって、「おにぎりなら任せといて！」なーんて人かもしれません。

「うちパン屋だけど、カミさんのおにぎりが評判良くてさ、なんか、オレのパンより売れてるんだよね。いや、けっこうこれがうまいんだよ」って、それを純粋に楽しんじゃったほうが、うまくいくと思うんです。

うちは肉屋だけど、オレ、小さいころからコロッケが好きだったな。自分で揚げて店に出してみたら、お客さん喜ぶかな？　そこらのフランチャイズの弁当屋より、絶対うまいと思うんだよな」って思ったら、コロッケを売りましょうよ。


自分がいいと思ってすすめたものが売れたときの快感。これが商売の最高の喜びじゃないかと思うのです。

だから、自分がおいしい、自分がいいものだって思ったら、それを徹底的にすすめてください。

お客さんが喜ぶと自分が楽しい。「じゃあ、こうしたらお客さんは絶対喜ぶ！」ということを考えると自分が楽しくなってくる。

それを考えてみるんです。

値下げや、お金をかけて苦しむことなんか、しなくていいんです。まずお客さんを喜ばせて、それで自分が楽しいっていう方法を考えてみてください。

これがまず最初に伝えたい、商売繁盛のための知恵の使い方です。

# 家賃のために働くなんてバカらしい

パン屋さんの話が出たので、私の友人のお話をしましょう。

長野県の小海町《こうみちょう》というところにある、「高原のパン屋さん」というお店は、その名のとおり、八ヶ岳を眺望できる高原にあるパン屋さんで、味、材料、価格にこだわって、とってもおいしくて安いパンを売っています。

ここのお店も、ご近所の方だけでなく、長野全県はもちろん、全国にファンがたくさんいます。

そこの社長は品田宗久《しなだむねひさ》さんといって、小海町の町興しにも、いろいろご尽力されています。

その品田社長が、小売店主さんや、取材に来た人に決まって聞かれるのが、「なんでこんなに安い値段でやっていられるんですか？」ということなんだそうです。

その質問に品田社長は、決まって、「家賃が安いから」と、答えるそうです。

そうすると、高い家賃払ってやってらっしゃる商店主のみなさんは、「じゃあ、我々は家賃のために一生懸命働いているんですか？」と聞かれるから、「そのとーりっ！」って。

実際、デパ地下なんかに出店すると、テナント料だけで原価の半分くらいになるそうです。

これだと、まるで家賃のために働いているみたいになっちゃいますよね。

仕事をしている社員も、上からは「売れ、売れ！」「仕事しろ、仕事しろ！」っていわれるばっかりで、全然つまらない。

ここのところ、あっちこっちで起きている食品偽装なんかも、「なんか忙しいばっかりで大変だから、インチキしちゃえ」って話になって、それでインチキしちゃってるのかもしれません。

だって、苦しいし、つまんないだけなんですから。

それで、儲けているのは誰かといったら、ビルの大家さんだけじゃないですか。

その店の店長だって、従業員だって、苦しいだけです。

みんな、駅前にお店を出せばうまくいくという「幻想」があるんでしょうね。

それから、「ええっ！　あんないい場所にお店出すんですか？」なんていわれてうれしい、見栄みたいなものもあるんじゃないでしょうか。

「家賃なんかバカバカしい」って、品田社長はおっしゃってます。

その分、おいしい新製品を考えたり、従業員のお給料を上げたりするほうがいい、って考える。そのほうが従業員も喜ぶし、やる気も出る。楽しんで仕事をしてくれます。

従業員が楽しんで仕事をしていれば、そのお店は繁盛するんです。経営がうまくいかないから人件費をカットするなんて、まったく逆ですよ。

当たり前といえば、当たり前の考え方なんですけどね。

# 「長く続けること」を考える

商売を繁盛させる秘訣って、このひとつしかないと思います。

それは、「長く続けること」。

今のお店が一等地じゃなかったとしても、そこがとんでもなく不便な場所だったとしても、この「長く続ける」ということを考えたら、どうしたっていろんな知恵を出すしかないですよね。

だって、世の中はいつも動いていて、変化して、進化しているんですから。

それに、今はそのスピードだってとても早い。

だからこそ、いろんなことを考える。一生懸命知恵を出して、知恵を使ってね。

それはなんのためか、といったら、「どれだけ儲けよう」ということよりも「長く続けること」っていうのをまずベースにして考えれば、結果的に、お客さんが喜ぶこと、社員が喜ぶこと、家族が喜ぶことを優先して考えるようになってくると思います。

それに、長く続けよう、ということを考えるようになると、自分だけじゃなく、あとを継ぐ人間のことも考えなきゃいけなくなってくる。そうすればこのあいだ騒ぎになったあの有名な料亭みたいなことは絶対考えないでしょうね。

逆にすっかり有名な老舗だし、まぁ、これくらいはいいだろうなんて考えて、ズルいことしちゃうんでしょうね。

「長く続ける」っていう考え方がちゃんと残っていれば、これまでだってずっと、何代もあとのことを考えてやってきたはずだから、インチキしようなんてことは、まず考えなかったでしょう。そういう発想は、いつの間に忘れちゃったんでしょうね。

「商いは牛のよだれ」という言葉があります。

「商売をするのなら、牛のよだれが細く長く垂れるように、気長に辛抱しなさい。儲けを急ぎ過ぎるなということ。商いは太いときも細いときもあるけれども、途切れてしまったらそれまで。どんなに細くなっても牛のよだれのように途切れずに続けていれば、またいだんだん太くなってくることもあるから、ひとたびできた関係はたいせつにしなさい」という意味なのですが、これはなんだか、夫婦も同じですね。一生懸命やっていれば、やがて、自分の子どもに返ってくる。そうすれば、子どもも、あとを継ぐことを考えるようになります。

でも、ここのところ、お父さんがずっと商売をやっていたんだけど、駅ができて、駅前にスーパーができて、いままであった商店街からお客さんが減って、儲からなくなってきた、なんてことが続いていました。

そこで、その子どもたちは「これじゃあ、うちを継いでも儲からない」っていって、みんなサラリーマンになっちゃったんです。

しかし、こんなに愚かなことはありません。

私は、そういう人たちに、たったひと言、「親の仕事、継げ！」っていいたいですね。

お父さんは、そういう状況のなかでずっと信用を集めてきた。

これは、その商売を長く続けてきたことで貯まった「見えない財産」なんです。それはお金じゃないかもしれないけど、信用とか、義理とか、人情とか、徳とか、そういう見えないものがあるんですね。

それは、ほんとうになにものにも代えがたい、貴重な財産です。

子どもは、それをきちんと受け継いで、自分なりに考えて、進化させていけばいいんです。

そば屋を継いでも、自分がそばよりパスタが好きだったら、親の残してくれた見えない財産をたいせつにしながら、自分なりにアレンジして、パスタも食べられるそば屋にするのが、知恵っていうものです。

そして、こんどは、それを自分の子どもに引き継ぐ。

これまでも、子どもは親からそんな見えない財産を受け継いで、次はその若い人たちの知恵で時代が変わる。自分の知恵でさらに大きくして、また次の代に受け渡す。

ずっとこの繰り返しだったはずです。


ところが今は、親も、大人も逆ですよね。

「オレがこんなに苦労したんだから、子どもにはそんな思いをさせたくない」なんていって、子どもたちを外に出して、自分は店を畳むという話もよく聞きます。でも、これは逆なんです。

ほんとうは、「オレの仕事はすごいんだぞ!」っていわなきゃいけないんですよ。

みんな、違う道はいくらでもあることは知っているし、それを望んでいますよね。

それに、時代は変わっていくものだから、このままの延長線上で生きていこう、なんていうことはできないでしょう。

だからこそ、「長く続けていく」ことを考えて、知恵を使うことがたいせつだと思うのです。

徳川家康が征夷大将軍になって、江戸に幕府を開きましたよね。それまでは天下をとったら京都に入るのが当たり前でしたが、家康はそれをしませんでした。ここでいいと。

だって、京都にいたら、また強いヤツが出てきて、やられちゃうかもしれません。だから、遠く離れた江戸を幕府の本拠地とした。これもたぶん、長く続けることを考えた結果だと思うんです。

だから、徳川幕府は300年も続いたんでしょう。

うちの店にだって、今、売れてる本が入ってきたって、都心や駅の近くの大型書店が相手ですからきっと勝てません。同じことやって勝負したって、やられちゃうでしょう。だったら自分でいいと思ったものを売ればいい。

こうやって、自分が生きる術を考えてきたんです。

人や場所のせいにしないで、この場所で、自分でやること、できることを必死になって考えた。

困ったことがあったから、知恵を出して、それを乗り越えてきた。それで今日までやってこれたんだと思います。

# 「三方よし」と「稼ぎ七割、仕事三割」

「三方よし」って言葉をご存知ですか?

それは、近江の商人に伝わる家訓のような教えなんですが、商いの極意として、
売り手よし!

買い手よし!

世間よし!

という、この三つがたいせつだといわれてきました。

物を売る側だけが得してはダメ! 物を買う人間だけが得してもダメ! まわりへの貢献を忘れてはダメですよ、というものです。

また、昔の商人は「稼ぎ三割、仕事七割」という考えがしっかり身についていたそうです。ここでいう仕事とは、まわりの人への奉仕のことをいいました。

「お客さんが喜んで買ってくれて、自分もうれしい、そのまわりの人たちもみんなうれしい」

これってすごいことじゃないですか？

ところで、お釈迦さんの話や宇宙の真理について、本を読んで学んでいくと、必ず出会う言葉は、「無欲になりなさい」っていうことです。

しかし、これを言葉のまま真に受けてしまうと間違ってしまいます。

ちょっとむずかしいことをいうと、「無欲」という言葉には、「己」または「自分」という、前提が潜んでいるんですね。

だから、自分自身が徹底的に無欲になってしまうと、「人は一人では生きられない」という真理から外れてしまいます。

これを知らないと、無機質な、とてもつまらない人間になってしまう。誰も喜ばせることができなくなってしまうんです。

自分は「無欲」だと思っていても、それはいつの間にか、真逆の「エゴ」に成り下がってしまいます。

本来の「無欲」という言葉の意味からいえば、「己や自分のことは、ちょいと横に置いといて、人や自然を喜ばせることができる人のこと」を「無欲な人」と呼ぶんですね。

だからまず、自分が儲けようとか、稼いでやろうとかいう前に、「こうしたらお客さんは喜ぶぞ、まわりの人が喜ぶぞ！」っていう「自己満足」を極める。

それが、この「三方よし」「稼ぎ三割、仕事七割」という言葉の教えてくれるところだと思います。

# 世間とは、真逆のことをやってみる

人間、毎日いろんな出来事に遭遇するわけですが、それを受け取った最初の感情と逆の行動を、わざとやってみるとおもしろいことが起きるものです。

近ごろ、ニュースや新聞を見ても、信じられない事件がバシバシと起きていますね。どうも、なにか根本的なところの歯車が、変になってしまっているような気がします。

そうなると、今まで常識だと思っていたこととは、まったく逆の思考を持つことで、いい道が見つかるんじゃないかと、私は思ったりするんです。

たとえば、「不況だ、不況だ！」って世の中が大騒ぎしているときこそ、「今こそ商人の出番だ！」って、どんどん積極的に知恵を出して、一歩前に出てみる。

今までもこれからも、たいせつなのは過去の（常識だと思い続けている）成功体験ではなく、新しい価値観です。

ところで、日本には物の値段に「定価」という概念がありますね。

これは今では当たり前のものだと考えられていますが、江戸時代の中ごろにできあがった考え方なんです。

ちゃんとお店の利益、仕入先の利益、お客様の利益を考えて、定価という考え方ができあがり、みんなが喜ぶ手段だということで、当時はたいへん歓迎されたそうです。

では、それまでは商品の値段ってどうやって決めていたか。

ま、いわゆる、「いい加減」というやつです。

この、いい加減や「適当」っていう言葉も、いつからか、悪い意味でばかりいわれるようになりました。

でも本来、「いい加減」っていうのは「加減がいい」、「適当」は「ある条件・目的・要求などにうまく当てはまること」っていう意味ですよ。

それで世の中、みんな幸せだったんですね。

このごろは、肥料の高騰で、牛乳やバターや卵が値上げしなきゃならないことになって、大変だ大変だと大騒ぎになっています。

阪神淡路大震災のときに1個1万円のラーメンを売り出した人がいたそうですが、

こういうのは、人の弱みに付け込む、とんでもないヤツですが、今回の肥料の高騰で値上げする商品は、そういう類いのものではないんですから、胸を張って値上げをすればいいと思います。

うちの近くのラーメン屋さんも、小麦粉が値上がりしたせいで、30円値上げすることになって、ご主人に申し訳ないって、頭を下げられちゃいました。

そこで私は、「大丈夫ですか？　もし大変だったら、もうちょい値上げしたらいいじゃないですか。みんなわかってくれますよ」っていったんです。

「私利を追わず公益を図る」という考えを貫き通した明治時代の実業家、渋沢栄一が生きていたら、きっとおんなじようなことをいってたんじゃないでしょうか。

そんな、世間様とは真逆の思考と行動をしている人は、この時代にもまだまだいるんです。その一人が植松努さんという人です。

この人は、北海道の赤平というところの町工場の社長さんなんですが、ご自分の仕事とは関係なく、日本の民間企業で初めて手製の人工衛星を打ち上げたり、ロケットを作って全国の子どもたちに「ロケット教室」を開いて、自費の手作りロケットをプレゼントしたりしています。

そういう、自分が儲けようとか、お金をどうやって稼ごうとか、躍起になっている世の中とは、真逆のことをやって、〝成幸〟しています。

なんたって、10年後の夢が、

「建設コスト10分の1の建築システム、食費は2分の1に、大学の授業料がゼロの社会。家のローンに人生を縛られず、学びにお金がかからず、食べ物を無駄にしない社会です。できるわけがない、と思う人がいればいるほどラッキーです。だって、僕らがそれを現実にしますから。そしたら僕らの一人勝ちじゃないですか」

なんてことをいう人です。

そんなこと無理！　と思った人は、一度彼の講演を聞いてみてください。今まで聞いた人はみんなびっくりして、腰を抜かしてましたから。

彼は、やるといったら、本当に実現する人です。成功しようなんて思ってないんですね。子どもたちに夢を見せたい。ただ、その思いだけで、仕事とは関係ないことをやっているんです。

それはともかく、植松さんの言葉に、とても大きなヒントがあったことに気づきましたか？

「できるわけがない、と思う人がいればいるほどラッキーです。だって、僕らがそれを現実にしますから。そしたら僕らの一人勝ちじゃないですか」

すごいことをいうでしょう。

こういうふうに考えることができるかどうかだと思うんです。

このあいだ、なにげなく見ていたテレビドラマでこんなセリフがありました。

「飛行機が、なんで飛んでいるか、わかるか？」

「ジェットエンジン！　気流とか？　あ、ベルヌーイの定理とか……？」

「バカかお前。飛行機はなぁ、空を飛びたい！　って本気で考えた人の夢や思いで飛んでるんだよ！」

きっと商売も同じです。

無理だとか、ありえないとかいわれても、自分がいいと思うものを徹底的に極める。

そして、それを自信を持ってお客さんにすすめる。

大事なことは、それをやり続けるってことだと思うんですよ。

## 高萩徳宗『旅の作法』（エイチエス・2023年）

人生とは、よく旅に例えられます。書名は『旅の作法』とありますが、「人生の作法」と読み替えてもいいでしょう。著者は旅行代理店の社長さんです。主に、大手代理店から、旅をしたくても断られしまうような、高齢者や障害のある方たちの旅をサポートしています。そのエピソードや気づきによって、私たち読者に新しい視点を気づかせてくれます。私たちの社会は今とても下品になってしまったのではないかと思うことが多くあります。ちょっとマスコミが取り上げた店には人が殺到し、ちょっとでも安いとか、ポイントがついて得だとか喧伝されるとそこに群がる。自分だけが得する行為に何の疑いも持たず、逆に自慢げであったりします。そんなちっぽけな自己の殻から抜け出す手段は「旅と本の出会いと人との出会い」であると綴られています。この本を読むと旅に出たくなっちゃいますよ！　それではいってらっしゃい!!

# 第三章

## 「一等地なら〝バカ〟になる。三等地なら〝アホ〟になる」

# あの人たち、みんな「アメション」ですから

明治維新以降、アメリカやヨーロッパの文化がどんどん入ってきて、それがかっこいいっていうことになって、「文明開化だ」などといわれて、日本は新しいものをどんどん取り入れて、伸びていきます。

福沢諭吉はその当時、文明開化の最先鋒でしたが、彼は洋服なんか一生着なかったそうです。日本の着物を着て、下駄を履いて、「アメリカのいいとこはもらうけど、日本人としていいものは崩さない」という考え方でした。

そのころから、外遊なんていって、アメリカに行くのがブームになります。で、帰ってくると洋服なんか着て、「アメリカとは！」なーんて語っちゃうわけですよ。何も

わかってないくせにね。

戦後占領下の日本でも、代議士とか芸能人とかいった著名人が、「ハク」をつけるために、我も我も、とアメリカへ渡りました。

そんな、アメリカに行って、オシッコして帰ってきただけのような連中を、「アメションン」といったんだそうです。

この「アメション」って、いまだにいますよね。というよりも、ホントに多い。

で、そんな人たちが大いばりで、「21世紀型ビジネスとは」、なんて語っていて、それをみんな、ありがたがって聞いているでしょう? 立地が悪いとか、お店の主人が愛想のひとつもいえないのは、それは欠点だとか。

ちょっと違ったことを考えると、「そんなものは、我々のマニュアルにはない」なんてことを、「あっちの人」はいいます。

でも、その欠点を思いっきり出せばこれからの日本では売れるんです。「日本一、愛想の悪い店主のいる店」なんて看板出せば、私なんかおもしろがって、毎日飲みに行っちゃいますよ。どうやって笑わしてやろうか、って考えて。

だって、それって「個性」じゃないですか、そのお店だったり、その人の。

人がそれぞれ持ってて、みんな違ってる個性ほど、おもしろいものってないと思いませんか？

それはお店そのものだったり、店長だったり、スタッフだって、お客さんだってそうでしょう。

好きなスタッフがいる店もあれば、好きなお客さんもいて、お互いそういうなかで商売が成り立てば、それが一番楽しいと思いませんか。

もともと日本人っていうのは、そういう「世間」のなかで生活してきたんです。そこにアメリカのやり方をおしつけたって、そりゃ無理も出ます。

そこに気がつかないで、いまだに「あっちの人」たちは大イバリで語っちゃってますけど、しょせん、あの人たちは「アメション」ですから。

私たちは、自分たちが一番楽しいやり方を、自分たちで知恵をしぼって考えましょうよ。

# 「勝ち組」の価値観に踊らされるな

今の世の中、なんでも「勝ち組」「負け組」なんていわれていますね。「勝ち組」だけが成功しているようなことがいわれて、「負け組」は苦しい思いをして、ともすればお店を畳み、なかには自殺しちゃう人も増えています。

「勝ち組」「負け組」なんていっても、それは「一部の人間が決めたものさし」でしかないですよね。もともと、〝勝ちも負けもない〟はずなのに。

一時期、ＩＴ長者だとか、ヒルズ族とかいわれて、六本木ヒルズに住んでる人たちがもてはやされて、みんなが憧れちゃったりしましたけど、それって本当に成功なのか？　それが勝ちなのか？　って思います。

それとおなじで、他の店を見て、そこと比べる。だからおかしくなっちゃうんじゃないのかなぁ、と私はつくづく感じています。

「勝ち組」なんていう他人の作ったものさしで比べるから、苦しくなるんです。

さらに悪いことに、お店が不便なところにあったとしても、一等地に出しているところのマネをしようとするんですね。いま流行ってるお店のマネを一生懸命やって、それでうまくいかなくて苦しくなっちゃう。

本もそうですよね。「今これが売れてる」というところで情報操作されてしまっています。売れてるからっていうところでみんな読むんですが、これって必ずしも正しくない。

なぜかというと、それは日本人の考え方ではないからです。

それはあくまでもアメリカや、ヨーロッパの考え方であって、それを、「今はグローバル社会だ」なんていって、こうやれ、ああやれなんて、「これが正しい」って、マニュアルだとか、マーケティングだとか、サービスだとかをみんなにおしつけてね。それって、みんなアメションですから。

経営コンサルタントには、ダメだ、ダメだって怒られて。そもそも、「ダメだ」なんて、なんの根拠があっていっているんでしょうね。コンサルタントに、わざわざお金払って怒られて、本当の「自分で考える力」を奪われているんですから。

でも、それがこれまでの時代でした。

この、「マニュアル」ってのも、とんだ食わせ物で、バブルのころの、みんながお金を使いたがって、売るほうは効率化、能率化が最優先で必要だったところに、今日から入ったアルバイトさんでもできるようにっていう目的で作ったのがマニュアルでしょう。これからはもう、そんなことをやっていると絶対に売れないんです。お客さんの求めているものが違うんですから。

絶対に、それは日本ではうまくいかない。

外資系企業が入ってきたりして、日本の企業もそれをマネして、それをやった結果が、今の日本の3万人の自殺者じゃないですか。それが「勝ち組」「負け組」っていうルールでしょう。全部外国からのものですよね。

昔の日本人には、「勝ち組」「負け組」なんて、そんな価値観はなかったんですよ。

それに気づいた人たちが、ほんとうのことをいいはじめた。

「そんなに素直でどーすんの?」なんていわれたら、その「素直さ」を武器にした人が、いい商売ができるんです。

# これまで「勝ち組」がやってきたこと

「高原のパン屋さん」の品田社長のところにも、あるコンビニから商品を入れてほしいっていう話があったんだそうですが、品田社長はコンビニが大キライなんです。

「人間、暗くなったら寝て、明るくなったら起きる。24時間営業して、人を働かせて、おたくの社長は寝てるなんて、そんなのありか？　そんなヤツとは仕事はしないよ」っていって、断ったんだそうです。

今までは夜中に子どもが、「アイスクリーム食べたい」っていったら、「また明日ね」といえば、朝になれば忘れちゃうっていう生活をしてきた。

でも今はそんなこといっても聞かないでしょう。コンビニに行ってアイスだけじゃなく、ポテトチップスかなんかも買ってきちゃう。今の世の中、昔に比べたら、ものすごく便利になってますよね。

洗濯機やら電子レンジやら、冷蔵庫やらクーラー、自動車ができて、交通網が発達して、東京から大阪まで1万いくらかで行けちゃう。昔は時間もお金もすごくかかったし、旅なんか命がけでしたよね。お金の価値だけでいっても、何十万、何百万っていうお金をかけないと行けなかったのが、それだけでものすごく安くなっているんです。

ガソリンが値上げっていったって、数十円、数百円の話だと思えば、たいしたことはないんです。それなのに「苦しい、苦しい……」っていうのが日本人なんですね。「また明日ね」っていえばいいのに、すぐ、アイスやポテトチップスを買っちゃうから苦しくなるんですよ。

飽食の時代だとかいって、子どもが生活習慣病になっちゃって、それで苦しい苦しいって。

昔、田中角栄という人が、「日本列島改造論」といって道路を作り、この日本を便利にしたんですけど、一番大きかったのは、核家族化をどんどん進めたことですね。

今まで、おじいちゃんもおばあちゃんも、みんなで一緒に住んでいた家をバラバラにして、それまでは1台でよかったテレビや冷蔵庫や洗濯機や車などを、各家庭みんなに買わせるようにしたんです。それで景気が上がったんですよね。

でも、あのときにはこれが必要だったんです。それがあったから、今、これだけ日本が経済的に成長できたんですから。

それなら、今できることはなにか、ということを考えていかなきゃいけませんよね。

今は、ムダ遣いなんかしなくたって十分できるんですよ。

「安かろう、よかろう」っていうお店がいっぱいできて、それほど必要でもないのに、「ひとつあってもいいかな」なんて、ふつうに買い物していたら、「やっぱり身体に良くない」とか、「子どもに良くない」とかっていう声が、ようやく出てくるようになりましたよね。

このごろは、「あなたの夢は?」「あなたにとって幸せとは?」なんて聞いても、「いっぱい稼いでこの車を買う」とか、「なんとかヒルズに住みたい」とか、そういうのばっかりのような気がします。

それは自分だけがうれしいことで、お客さんやまわりの人を笑顔にしようとか、幸せにしようっていう発想がないんですね。

これも、「あっちの人」たちのものさしでしかないのに。

うちの店にも、ファッション雑誌を買いに来る若いお母さんがいるんですが、子どもが、3、400円の絵本を持ってきて、「お母さん、これ買って」っていうと、「ダメ、そんなムダ遣いでしょ!」って怒るんですよ。

お母さんはファッション雑誌買って、子どもがほしいっていうと怒る。

でも、まぁ、日本はこういうことを経験して良くなっていくんですね。今、痛いところなんですね。次の新しい価値観が生まれる、過渡期なんだと思います。

# サービスなんか、悪くたっていい

サービスということでいえば、うちの店にも、「もっとサービス良くしろ」っていってくるお客さんもたくさんいます。

でも、いうことをききません。

「あ、すみません、うちはサービス悪いんですよ」っていうと、お客さんは納得してくれるんです。「あ、そうなんだ」って。

だって、お客さんにサービスするって、こちらが苦しいことばかりじゃないですか。「安くして」とか、「送料まけて」とか、「もっと早く届くようにして」とか、薄利多売なんていって「損して得とれ」とかいうけど、そんなことは上場している「大手企業」がやることです。

我々中小零細がそのマネをしたところで、そのまま巻き込まれて、苦しいことばっかりになってしまいます。

もともとおなじ土俵で勝負する必要なんてないんです。

だいたい、勝負でもなんでもないし。

そんなところに負担をかけてしまうとどうなると思いますか。

従業員の給料を減らすことになる。そうなると従業員がおもしろくないでしょう。

忙しいばっかりで給料は安い。そんな店にお客さんが来たって、喜ばせることなんてできませんよね。

そんな無駄なことやらないで、給料いっぱいあげればいいじゃないですか。

家賃は安い、サービス悪い、でいいんです。

本当の幸せを考えましょうよ。

一等地なんかでやらなくたっていいんです。家賃安いし。その分、従業員を育てたり、いい商品見つけたり、作ったりして、お客さん喜ばせること考えればいい。

今はそれができるんです。インターネットだって、宅急便だってあるんですから。

# 自分のものさしを持つ

平成20年の経済白書に、「成果主義を見直そう」という報告が載ったそうです。

この成果主義というのは、バブルが終わったころから、いろんな会社がどんどん取り入れて、一時期は当たり前のように大イバリしていましたが、こんなものは最初から良くないに決まっていたんです。

商売も含めて、仕事というのは、純粋に、物が売れる喜びを味わうものです。

その喜びが人の役に立っている、それこそが自分が社会の一員だと実感できることなんです。

よくよく考えてみれば、商売とはロボットがしているんじゃなく、必ず人間という存在が関わっているのだから「情」が絡むのは必然です。

だから、そこを避けて商いをしようといっても、どだい無理な話です。

それを、インテリのみなさんが権威を振りかざしてくるものですから、そんな意見に惑わされて、間違ったことをやっちゃうんですね。

日本人って、もともとスゴイんですよ。

挨拶ひとつにしても、「おはよう」「こんにちは」「こんばんは」とか、「いただきます」「ごちそうさまでした」とか、「ありがとうございます」「すみません」「ごめんなさい」……。まだまだ日本人の挨拶はたくさんありますが、全部ひらがなで、子どもから大人まで、みんなに通じる言葉です。

しかし、その言葉の意味を調べてみると、それぞれとても深い理由があるんです。むずかしいことをわかりやすく、たいせつなことを誰もが簡単に実践できるようにしてくれた、日本人の祖先の知恵の結晶だったんです。

今、脳科学っていうのが、とても注目されていますが、この分野でも日本人が昔から習慣としてやってきたことの正しさが、ことごとく証明されてきているようですね。

ちょっとわき道にそれますが、今は「なぜ、挨拶をしないといけないのか」ということから説明してやらないとわからない人が多いそうです。

これはもったいないことですね。

つい先日も、ある社長さんに聞いた話なのですが、社員さんに「本を読むんだよ、読書するんだよ」っていったら、「社長。読書すると売り上げが良くなるんですか?」って、聞かれたんだそうです。

私の場合は、うちのスタッフには、「四の五のいわずに、すぐに読め!」っていって脅すんです(ここ笑うところですよ。念のため)。

でもね、日本人の習慣がなぜ良いのかを知らない人が多いんだったら、知らないんだから説明してあげるのが大人の親切ってもんですね。

とかくこのごろは、むずかしいことをむずかしく語ることが、かっこいいと思われているようですが、それは大きな間違いのような気がします。そうならないために、しっかりと勉強して、自分の意見を持つことがたいせつだと思います。

こういう時代だからこそ、見せかけの権威を振りかざす「勝ち組」とか、「インテリ」とかの意見に惑わされず、しっかりと勉強して自分の「ものさし」を持とうではないですか。それは別に変わったことではないのです。

人を喜ばせることで、評価されるシステムを、自分で考えていくんです。

そのためにも、いやなことでも、がんばって身につけていく。

今の時代、ほんとうにたいせつなのは、過去の成功体験ではなく、新しい価値観を受け入れて、自分のものさしを作っていくことなのではないでしょうか。

過去の成功体験などは、なまじそれがあるばかりに、逆にそれを常識だと思い込んでしまうものです。

新しい価値観というのは、時代にあわせて先を見なければ、過去を思い出したってなんの役にも立たない、ということなのです。

前にも書きましたが、本のPOSデータと同じです。今売れてる本のデータを見て、それを仕入れたって、入荷して、店に並んだころにはもう「かつて売れていた」ものに過ぎません。

今売れているものから、次に売れるのはなんだろう、という予測を立てて、ではどうやって売っていこうか、ということを考えるのが商人の仕事です。

そして、「売れる」とは、「お客さんが喜ぶ」とイコールです。

「どうやって売るか」は、「どうやってお客さんを喜ばそうか」とイコールです。

これが「物を売る」ということだと私は思っています。

# 「おっ、てめぇ、さしずめインテリだな？」

ここでまたまた、わき道にそれた話を書きますが、私は、映画『男はつらいよ』が大好きなんですが、そのなかでも寅さんのこのセリフが一番好きなんです。

「おっ？　てめぇ、さしずめインテリだな？」

第二作目の「続・男はつらいよ」での寅さんのセリフです。

第二作目には、こういうのもありますね。

「尻っぺたの青いインテリが、とかくかかりがちな〝イロノーゼ〟っていうヤツですね。つまり、色気っていうものは頭に昇ってくるんで、それで〝イロノーゼ〟です。

これはすぐ治るんじゃないですか。インテリというのは自分で考え過ぎますからね、そのうち、『俺は何を考えていたんだろう？』ってわかんなくなってくるわけなんです。

つまりこの、テレビの裏側でいいますと、配線がガチャガチャに混み入ってるわけなんですよね。そういう点、わたくしなんかは線が1本だけですから、まあ、いってみりゃあ空っぽといいましょうか、叩けばコ～ンと澄んだ音がします。殴ってみましょうか？」

最近も、世界恐慌だとかいって、「株価が下がり、円高が進むと消費意欲が減退して、不景気になる。大変だ、大変だ」って、インテリのみなさんがテレビや新聞で口を揃えていいますが、ほんとうにそう思いますか？

そうはいっても、明日もご飯は食べるし、冬に向かって暖かい服は買いますし、寒くなれば、一杯の熱燗がおいしいです。

世間ではたいせつな食べ物の値段がたった30円上がっただけで大騒ぎになりますが、好きなブランド品はいいお値段したってバンバン買ってしまうでしょう。

値段が高いとか安いとかというのは、もうちょっと宇宙のほうから見た視点で考えたほうがいいような気がします。

ところで、まだまだ、世の中には、いいことをしようという志の高い人というのはたくさんいますね。そういう人にお会いすると、この日本も捨てたもんじゃないってうれしくなってしまいます。

でも、いいことをしていても、困ったことに、必ずといっていいほど「水を差す」人がいるんですね。そういう人たちは決まってインテリといわれる人たちです。

さらにやっかいなことに、彼らの得意な「理屈」で水を差してきますから、そちらのほうがなぜだか説得力があるように感じてしまったりします。

そうなると、他のインテリさんたちは、それに乗っかってあれやこれやと否定と批判のオンパレードを始めちゃうんですね。

インテリになんかなるもんじゃないですよ。

とはいえ、かくいう私は中学生のころ、数学がとっても好きだったんです。なぜなら、それがとても美しいからです。問題に対して、常に理路整然として、とてもかっこいいと思ったんです。

それでその世界に憧れて、大学では物理学科に入ったんですが、相対性理論や不確定理論を知って愕然としたんです。

「数学には遊びがない。本当の真理には、常に間があるんだ」ということに気がついたんです。

不確定が、人を成長させる。

不確定が、人を魅力的にしてくれる。

不確定が、ワクワク楽しくしてくれる。

「人間とはこうあるべきだ！」とか、「商売はこうあるべきだ！」とか、決めつけないところに真理があったんです。

出会った人や自分にレッテルを貼って確定しない。これができれば、自分を愛し、人を愛することができるようになると思います。

もともと、幸せは目の前にあるわけで、よくよく考えれば、ただただ不必要なものが削られていくだけのことです。

# 「成功なんか、しなくていいじゃん」

ついでにいっちゃえば、「成功」なんてのもそうです。

私はこれに「成幸」っていう字をあてていつもいっていますが、成功しようなんて考えるから苦しいんですよ。

苦しいのに、「成功しよう、成功しよう」っていってるから、失敗しちゃう。

はっきりいっちゃうと、成功しなくても、稼げなくても、生きていけるんですよ、この国は。

『ホームレス中学生』なんていう本が売れましたが、ホームレスの人たちって強いじゃないですか。

今は、1食300円で、1980円の服着て、幸せに暮らしてる人もいっぱいいます。

だから、商売だって、小さな店でも十分いける。小さい店だから幸せってのもあるんです。

品田さんも、「誰かと約束したわけじゃない。でも、今日はこれだけ売れたから、明日もこれだけ売れるだろうって思って、毎日パンを作る。で、それが売れる。そこが商売の不思議なんだよなぁ」って、つくづくおっしゃってました。

日本はほんとうの意味で先進国になってきているんです。

これは、と思うことを徹底的にやれば、稼げるんです。

それを、「年収何億の勝ち組社長」だとか、「セレブ」だとかいって持ち上げるから、「ああいうふうになりたい、ならなきゃいけないんだ」って勘違いしちゃうんです。

自分のものさしで、自分なりの方法論、成功感覚をひとつ持つ。

それができれば、「別に、成功なんてしなくていいじゃん」って思えるようになる。

そうすれば、「お客さんを喜ばせる、人を喜ばせる、っていうほうが絶対に楽しい」って思えるようになるんじゃないでしょうか。

「成功」なんて、人に教わったってうまくなんかいきません。自分で考えないと。

それをしないと、実業じゃないですよ。虚業になっちゃいます。

自分のものさしがあれば、ほんとうの「自分の成功」っていうのが見えてきて、そっちに向かって知恵をしぼるほうが、楽しいってことに気づくはずです。

ぜひ、いろんなことを勉強して、自分で考えて、知恵をしぼって、自分の成功や幸せも、他人のではなく、自分のものさしで測って、お客さんや従業員、家族やまわりの人を喜ばせることを考えていきましょう。

# 「マニュアル」「マーケティング」「人脈」なんてものは役に立たない

マニュアルというものが、どうして必要だったかというお話はすでに書きましたね。あれは、バブルのころ、お金を使いたくてしょうがない人に、忙しくなっちゃった売り手側が、効率を上げるために、そのときに必要なやり方を、今日入ったアルバイトの人でも、「誰がやってもおんなじようにできるために」作ったものです。

「マーケティング」なんていうのは、今こういうものが売れているから、それを売りなさいということをいっているだけのものです。

そして、世の中に数多く出ているビジネスがうまくいくノウハウ本の中に、もうひとつ出てくるキーワード。それが「人脈を作りなさい」ってヤツです。

「異業種交流会に参加して、どんどん名刺交換して、人脈を広げなさい」なんてことが書いてあります。ですから、そういうところに行くと、ちょいと名の知れた人には、名刺交換の行列ができて、ちょっとした芸能人みたいになっちゃってます。

他ならぬ私のところにも、そういう人が名刺持ってきてくださるんですが、名刺交換が、「人脈づくり」にはならないことに気づいてない人がいっぱいいます。「人脈」って、パーティーで会って、名刺交換したくらいで、そんなに簡単にできるものではないですよ。

人と人は、「ご縁」で繋がっています。

それを名刺と、「よろしくお願いします」のひと言で、「私は○○さんと知り合いです」っていわれても、いわれたほうは「だから、なに?」っていう話ですよね。

「人脈」なんて言葉を、軽くいっちゃってる人は、「ご縁」とか、「信頼関係」とか、「義理人情」なんてものを、根本的に持ち合わせてないんじゃないでしょうか?

その人に、なにかアドバイスや助言、紹介や推薦をしてほしいと思ったら、こちらが先に、その人のために何ができるかを考えるというのが、道理じゃないですか?

こんな例え話をしましょうか。

うちの店に、「本を出したんで、ぜひこちらの店で売ってほしいのですが」といって来られる方がたくさんいるんです。ご自身の、本に賭ける思いを熱く語ってくださるのはいいんですが、「では、よろしくお願いします」っていって、そのまま帰って行かれる。その時点で、なんか違うんじゃないですか？

自分が本を出版しました。売りたい。この本屋さんなら売ってくれるだろうから頼みに来た。その気持ちはとってもわかります。でも、その時点で、まわりがまったく見えてないですよね。

あのね……、うち、本屋ですよ。そこになんか頼みごとに来るんだったら、『少年ジャンプ』の1冊でいいから、つきあいでいいから買ってけよ、っていう話なんですよ。人脈は、名刺交換だけではできません。お客さんも同じですよね。

その人を、まず、喜ばせる。

その人になにかを期待して、それをしてほしいと思ったら、まず、自分がその人にどうやってお役に立てるか。それを考えるほうが、絶対にいいと思いますよ。

だって、自分が「人脈にされる」立場になったら、あなたはどう思いますか？

# 世の中や、ものごとを俯瞰で見てみる

世の中って、進化論的に考えると、どんどん良くなっているんです。これは間違いない。

これまでの歴史を見ても、たとえ、世界大戦が起きても、金融恐慌がきても、人類は進化するようにできているんですね。

ただし、それは、螺旋状にくるくる回りながら、上に向かっているんです。

これって、どういうことかというと、以前のものが変化した形で、あるスパンで戻ってきて、その繰り返しで進化してきた。

螺旋って、横から見ると、横に広がりながら上がっていくんですけど、昔はゆっくりだったから、みんなと同じことをしていればよかったんですね。でも、今は上がるスピードがどんどん速くなってきているんです。

もうひとつ、「振り子の法則」ってありますよね。

今、あっちに振れているけど、必ずこっちに戻ってくる。形は違うけれど、戻ってくるんですよ。だから、そこをつかまえようって考える。

それで私は、「東京は、3年後には江戸になる」なんてホラ話をよくするんですけどね。でも、最近「江戸しぐさ」なんてものが、見直されているので、あながちホラでもないぞって、思うんです。

そういえば「近接場光《きんせつばこう》」という言葉を、最近知ったのですが、これは何かというと、光子を波ととらえずに、粒として使用すると、とんでもないことが未来に起こるらしいんです。

身近なところでは、パソコンの機能が今の1000倍になるともいわれていますし、また、分子と分子を結合させることで、これまで地球上に存在しなかった新しい素材が作れるようになるのだそうです。それも、5年から10年の間に実用化されるらしいです。世の中、そう遠くない未来にはすごいことになるんですね。

技術はますます進化しますが、それを使用する、人間の心も、今からそんな機能を「よく使う」ように鍛えておかなきゃいけないということです。

そうすると、「心の進化の芯」っていうものが、とってもたいせつなものになってきます。そこで、「俯瞰で見る」という意識がとても重要だと思うのです。

この「進化の螺旋」は横から見れば、横に広がりながら上に伸びていく線にしか過ぎないですが、これを、「俯瞰（＝真上から見る）」で見れば、面になるんですね。

そこではじめて客観的に進化や変化の過程や、本質が見える。

これは商売も同じで、世の中の動きを、俯瞰して見ると、次にどうなるのか、っていうのは、けっこう見えるもののような気がします。この意識で歴史を見ると、「痛さ」というものも、とてもよく実感できるのです。

たとえば、坂本龍馬も西郷隆盛も、自分の隣に置いて、彼らが泣いて苦しんだ思いを共有してこそ、初めて歴史を語る資格があるんだと思います。

## 今、商売を繁盛させるための、たったひとつの方法

以前、『「ブッダを読む人」はなぜ繁盛してしまうのか。』（現代書林）という本を出したのですが、そんなこともあって、最近よくお話をするんですが、「因果」っていう言葉がありますね。

この、「因果」っていうのは、「原因」があって「結果」がある。という、いわゆる「因果律」のことをいうのですが、本当は、お釈迦さんはこの「因」と「果」の間に、「縁」というのが入るのだ、という話をしていたそうです。

それがいろんな言葉に翻訳されたり、いろんな人が解釈したりしているうちに、めんどくさくなっちゃったんでしょうか。いつの間にか、一番たいせつな、「縁」がど

こかにいっちゃったようなのです。

原因があって、良い意味でも悪い意味でも「縁」が介在して、今の結果を生む。成功法則も、商売繁盛も、恋愛も、夫婦関係も、全部そうですよね。

別に、ヘンな宗教みたいな話じゃないですよ。

今、目の前で起こっていることは、それこそが新しい価値観であり、常識になるということさえ腑に落ちれば、あとは受け入れて、勉強して、自分の新しい「ものさし」を広げていくのはカンタンです。

「ものさし」っていうのは、長さを測るものですよね。他人のものさしをあてるから、それで苦しくなっちゃうんです。さっきの「勝ち組」「負け組」みたいにね。

本を読んだり、足運びをしようよ、っていっているのは、新しい価値観を受け入れることで、今の自分の「ものさし」を壊しながら広げていこうよ、ということなのです。

そこらじゅうにいくらでもいる、「先生」と呼ばれる人の「ものさし」にハマって、一生懸命合わせて、苦しみながらマネする必要なんてありません。

壊して、広げていくことです。

確かな自分の「ものさし」を持っている人はいつも魅力的だと思いませんか。

そんな人と出会うとワクワクしますよね。

世間様が正しいと勘違いしている「ものさし」をまず壊す。

商売も人生も、そこから始まるような気がします。

そして、その次に、新しい、ちょっと長い「ものさし」を、そっと後ろの人に渡してあげる役目が待っています。

私も、ものさしをこれからも長くしていくために、毎日勉強しています。

「自分のものさし」さえあれば、絶対に世間のものさしに惑わされない。

人と比べて、苦しい思いをすることなんてないんです。

では、なぜそう思えるのか？　ポイントはひとつしかありません。

どれだけ「アホ」になれるか？　です。

## どれだけ「アホ」になれるか?

ここまで読んできて、「なんだ、なんだ?」と思われたのではないでしょうか?

最近、こんな書名の本が2冊も出版になりました。

『非常識経営の夜明け―燃える「フロー」型組織が奇跡を生む』天外伺朗《てんげしろう》著(講談社)

『アホは神の望み』村上和雄著(サンマーク出版)

このお二人はどちらも科学者です。読んでみると、いずれもこういうことを力強く書かれています。

「アホが世界を救う!」

いやはや、驚きました。どうやら、ようやくそんな時代が来たようです。

「やっぱりそうだよな!」と、確信したんです。

商売繁盛の究極の秘訣。

それは、〝アホ〟になること。

ここまで、本書を読まれてきて、というよりも、おそらくどうやって今の商売を続けていこうか、上向きにしていこうかという悩みの末、藁をもつかむ思いで本書を手に取られた方は、ひょっとしたら、びっくりされたかもしれません。もしかしたら、コケちゃったかもしれません。

ですが、私がこれまでやってきたことを振り返って、いろいろ考えてみても、やはりこのひと言に集約されるようです。

ちょっと説明が必要かもしれませんね。

ここでいう「アホ」とは、

「ええ？　そんなの非常識じゃない？」

と世間でいわれるような、今の常識を壊して、新しい知恵の使い方ができる人のことです。

たとえば、損得抜きに動けるヤツはアホです。

そして、未来を見抜けずに、今の価値観の中で、「勝ち組」「負け組」なんていって、インテリぶっているヤツを、たぶん「バカ」っていうんでしょう。

バカとインテリってのも、実は近いんですよ。

バカになってはいけません。

特に、天外伺朗さんの本では、私の友人でもある、出路雅明《でみちまさあき》さんの『ちょっとアホ！理論』（現代書林）を絶賛しています。なんと、本書を塾生の教科書にしているというのです。

一方の村上和雄さんの本は、「愚かさを守る心」がたいせつだと力説されています。「小利口でこざかしい知識や智恵、速度や効率、駆け引きや計略、私利私欲や傲慢さ、おごりや増長、攻撃性や支配性などには距離を置いて、日に見えないものを信じ、先を急がず、ゆったりとかまえ、学問や知識は多くなくても、自分の信じる道を正直に地道に歩み、手間を惜しまず、回り道を厭わない。時代遅れで融通もきかず、利にも疎いが、焦らず、いばらず、くさらず、わずかなことで満足を覚え、不平不満よりは感謝の言葉が多く、批判的であるより親和的で、悲観的より楽天的で、いつもニコニコ笑みを絶やさず、人を裁くより許してあげる人間になろう！」

と、そういうことを書かれています。

どうすればアホになれるか。
その第一歩として、おすすめしたい「実践」がこれです。
さーて、いよいよヤバイぞ！　というときに、
「大丈夫さ。心配するなよ。俺がなんとかするぜ！」
このひと言を、やせ我慢でもいいからいってみる。
何の根拠も、まだ何ひとつアイデアもないけど、とりあえずいってみる。
これなら簡単にできると思いますよ。そこから始めてみてはいかがでしょうか？
そして、その言葉を口にした瞬間から、あなたの知恵が、働き始めるんです。

## 執行草舟『誠に生く』（実業之日本社・2024年）

「至誠」という言葉からさらに「誠」とは何か？　という問いを明らかにする本書も読後に大きな力が湧いてくる本でした。コロナ禍という体験をして、まさか21世紀になって戦争が起きるとは思いもよりませんでした。2024年は元旦に大きな地震があり、ニュースでは警報級の暑さだと連呼され、まともな大人なら、コントロールできない未来に対してなんとなく不安がつのるのも当然のことでしょう。しかし大丈夫です。誠とは何かを掴み取ったら不安などは吹っ飛びます。「誠を持てば、真の人生が拓いて来る。人間に生まれた真の喜びを知ることになるだろう」と書かれています。これはよくある誇張表現ではありません。私が保証いたします。私たち一人ひとりが未来を切り拓く一助になる生き方をしたいものですね。

# 第四章

# 商売繁盛は「自分繁盛」

# 起業しなくたって繁盛できる！

前にも書いた、あっちこっちにイヤというほどいる「アメション」な人たちの影響からか、なんだか、起業ブームみたいなものが起こっているみたいで、うちの店にも「会社を辞めたいんです」って、相談に来る人たちがけっこういるんです。

商売繁盛っていうのは、そして、人を喜ばせるっていうのは、なにも、会社を辞めなくても、サラリーマンでもできますよね。

商売に限らず、どこにいたって「自分を繁盛させる」ことを考えれば、今までやってきたやりかたで、なんでもうまくいくと思うんです。

食品偽装なんかで、いわゆるブランドの信頼がどんどん落ちていくなかで、結局、お客さんは、「何を買うか」だけじゃなくて、「誰から買うか」っていうことも、これからは大事だっていうことに気づいたんじゃないでしょうか？

どんなにテレビや新聞で宣伝したって、知ってる人からの口コミが、今でも一番強いじゃないですか。「この人がすすめるんだから、それなら買ってみようか」って。

おなじように、会社の上司や同僚から、「この仕事は、この人に頼もう」とか、「この人がいうんだから任せてみよう」と、そう思われる人になれば、それはあなた自身の繁盛になるし、会社だって繁盛する。その上、お客さんが喜ぶんですから、最高じゃないですか。

「会社を辞めて、起業しないと、好きなことができない」なんていうのは、違うと思いますよ。

上司も同僚も「お前は（オレは）、いわれたことだけやってりゃいい」なんて人ばっかりの会社だったら、考えものですが。

たとえば、大手でもないし、給料もそんなに良くなくて……という会社に勤めているとしたら、それこそ、知恵の使いどころですよ。

しばりを抜けてからやるのも大事ですが、でも、今あるものに対して、「こうあるべきだ」という考えがあって、「そうじゃないから辞めます」じゃなくて、まず、その「こうあるべきだ」という考えをとっぱらうことのほうが、もっと大事なんです。

挨拶とか、笑顔からだっていいんです。まずは、社長でも上司でも、同僚でも、隣の席の女性社員でもいいから、目の前の人を喜ばせてみましょうよ。

私は、商売って、人生そのものだって思うんです。

商売って、結局、人が売るんですから、品物に人が集まるんじゃなくて、人に人が集まって来るんだって考えたら、商売繁盛って、自分を繁盛させることなんだと。人とご縁に恵まれることが、ほんとうの繁盛なんですから。

これはなにかを売ったり、作ったりする人、みんなにいえることですよね。

商売に限らず、どんな仕事だって、みんながそう考えて自分繁盛ってことをめざしたら、それこそ日本は、どこよりもいい国になるって、私はいつも思っています。

# ビジネスは「奪う」もの　商いは「与える」もの

実は私、ビジネスマンとか、ビジネスパーソンなんていう言葉が大キライなんです。ビジネス・ルールとか、ビジネス・マナーとか、そういうのもね。

とはいっても、この本は、本屋さんでは「ビジネス書」のコーナーに置かれて、ビジネスマンのみなさんも、手にとって読んでくださっているんですよね。

前にも書きましたが、ビジネスってものの基本には、それこそ「三方よし」なんて発想はありません。

「費用対効果」とか、「ギブ・アンド・テイク」だとか、ま、資本主義ですから、お金を出して、それ以上のものを回収するっていうのが大前提です。

ましてや、「ウイン・ウイン」なんて、壊れた扇風機じゃないんですから。これからしてもう「勝ち組になろう！」っていうことじゃないですか。

これはもう、「どこから、どうお金を取るか」っていう発想です。相手から奪うことを考える。

これって、戦いなんですよね。乱暴ないい方になっちゃいますが、日本で3万人の自殺者が出た、なんていうのは、この戦いに巻き込まれて、負けちゃったからなのではないでしょうか。

アメリカやヨーロッパなら、それでいいのかもしれません。日本も同じやり方をしてきたから戦後、今のこの豊かで便利な生活がある。今まではそれで良かった。

でも、もうすでに、それが通用しなくなってきたことは、ここまで本書を読んでいただいた方は、お気づきのことでしょう。

これまで書いてきたように、「商い」の発想は、「まず、お客さんを喜ばせて、まわりが喜んでくれて、自分もうれしい」というところから始まるんです。

まず、人を喜ばせよう。それには、「まず、与える」こと。

これは、これまでのいわゆる〝ビジネス〟とは、真逆の発想なのかもしれません。

でも、これが本来、日本人に一番合っている方法、というよりも、日本人が代々受け継いできた、先人の知恵なんですね。

福沢諭吉みたいに、「外国のいいとこはもらうけど、日本人としていいものは崩さない」っていう考え方から、忘れられてしまっていた、「日本人としていいもの」。

ここに、商売繁盛の秘訣がいっぱい詰まっていること、このたいせつさに気がついている人が、最近とっても増えてきたんだと思います。

うちみたいな本屋が流行るのも、その「兆し」なんだと思います。

そういう兆しが見えたら、ここだ！　って突っ込んでいく。その第一歩を踏み出してみる。

直観かもしれないけど、それを信じて、「えいや！」ってやってみればいいんです。

「奪う」のではなく、まず、「与える」。

そっちのほうが間違いなく、楽しいです。

ビジネスマンとしてではなく、商人として生きてみましょうよ。

# 「山の時代」から「海の時代」へ

最近、特に感じるのは、大きく時代が動く時期に入っている、ということです。

たとえていえば、今までは「山の時代」でした。

みんなが頂上を目指して競争して、人を蹴落としてでも自分だけの満足のためにトップに駆け上がることだけを考えてやってきたような気がします。

しかし、そういう人たちはみんな、やっとの思いで登ったけれど、そこは景色はすばらしいのに空気が薄くて、常に「ハアハア」と息遣いを荒くしていなければ生きていくことができません。

これまでは、ずっと、そんな「山の時代」が続いていたんです。

別に宗教めいた話ではなく、そんな印象を持っているのは私だけではないはずです。

そして、ここ数年、いや、数か月、目に見えて変わってきた世の中の潮流のようなものを見ていると、「ああ、山の時代から、海の時代に移りつつあるな」という思いを強く持ちます。

「海の時代」になると、そこはすべてが融合する世界です。

いろんなものが溶け合い、関わり合い、そのうえで何かを生み出していく。

何が生まれてどうなるのか、予想もつかない「陽」の世界です。

「海の時代」は「産みの時代」。

この時代では、いろんなことが勝手に流れ込んできます。これをまずは受け入れなければなりません。

新しいことが入ってくると、最初に「不満」という化学現象が必ず気持ちの中に起きてくるんですね。これって日常でふつうに感じていることですよね。

そこで、これに「感謝」という触媒をふりかけて融合させるのです。

「不満」という現象を避けようと思って、「感謝」を先に持ってくればよし、という考え方では融合は起きにくいでしょうね。

「不満」は、「不満」のまま流されていると、負のエネルギーが増えていきます。しかし、これを「感謝」にしてやろうと思えば、ものすごい正のエネルギーが発散されます。

核分裂と核融合の違いのようなものなんですね。

人間が生み出した「核分裂」という破壊より、自然の法則から出来上がった太陽のような「核融合」のほうがいいに決まっています。

これってかんたんなことなんです。

「お気楽に楽しく、笑顔で過ごそう♪」ってことですよ。

## 「粘菌」が教えてくれること

「粘菌《ねんきん》」という生物をご存知でしょうか。

日本では、南方熊楠《みなかたくまぐす》という人が熱心に研究していたということですが、これがまた最近注目されているんです。

粘菌というのは、微生物と動物の間くらいのものらしいんですが、森や藪の腐ったような地面に普通にいて、特に貴重な種類というわけではないそうです。

普段は、バラバラに存在している多数の粘菌に、えさや気温、湿度など、なんらかの条件を与えると、ある一点を目指して集まってくるんです。

そして、その点に到達すると、バラバラだった個体が結合して細長いヒモみたいになって上に伸びていきます。

脳はないのに、たとえば迷路を作って、入り口と出口にえさを置くと、知恵や知識を持ち始めて、ぱっと繁殖して、えさを目指して迷路の中を動いていくんだそうです。

これって、不思議じゃないですか？

なんでだろう？　って考えた科学者が実験したんですね。細胞に見立てて、単純な動きしかできない小さなロボットを作って、それを4～5個、紐で結んで繋げたんです。そうしたら、それが、前に進んだそうです。

では、それを1000個繋げたらどうなるか、ということも調べてみたら、まるで意思を持ったように、置かれた障害物を避けて、少しずつそれを解決しながら前に進んでいたんだそうです。

これはもともと、コンピュータやロボットを、人間の脳に近づけようとする研究が、ここにきて行き詰まってしまっていたところ、粘菌を研究して、その動きが理解できれば、感情とか直観とかが、いったいどういうものなのかわかるかもしれないということで、また注目されているようです。人間の直観って、すごいんですよ。

で、この実験には続きがあって、今度は、半分の電源を消して同じことをしてみたのですが、なんと結果は同じだったたんです。

ちゃんと迷路を解決していく。半分動かなくても、問題を解決するんですね。

明治維新のころ、日本の人口は約3000万人でした。でもそのうち、政治的に「日本を変えよう」と考えていたのは2000人くらいだったそうです。

2000人で日本を変えちゃったんですよ。

この2000人がコツコツやってきたから、他の人が粘菌みたいに動いたんですね。

私の父親は、私がまだ高校生のときに亡くなるんですが、父の死後、私は父の妹であるお茶の先生の家に下宿することになります。これもそうですね。

親父が生きていたときに粘菌が在る方向に向かい始めた。親父が一生懸命やってくれてたから、今生きていられるんだと思っています。

これも、他人のものさしではなく、自分で考えて、自分のものさしを信じて動いた人に、同じ志を持つ人がいっしょに動いてくれた結果だと私は思っています。

# せいぜい、10万人でいいんじゃない？

「勝ち組」「負け組」なんて話をすると、とかく、最短で上場したとか、創立から何年で年収何億とか、そういう話になるじゃないですか。わかりやすいところでいえばハリウッド映画なんか、1億人動員とかいってますよね。

でも、人を感動させるんだったら、多くても10万人もいれば十分じゃないですか。

10万人って、実際に見たことありますか？

有名なミュージシャンが、東京ドームでコンサートをして5万人くらいだそうです。SMAPとかサザン・オールスターズとかが、東京ドームでコンサートをする2回分。プロ野球だと巨人戦の3試合分くらいです。

本にしても、ベストセラーって、最初から売れることがわかっている作家なら最初から10万部刷って、100万部になるんでしょうけど、出版社の人に聞いたら、最初から1万部とか印刷して流通させる本は、最近はあんまりないそうです。ほとんど5千部くらいから、だんだん盛り上がっていって、最終的にミリオンセラー（100万部）になる。

そう考えれば、せいぜい10万人に受ければいい、って考えることが大事じゃないかって思うんです。

10万人に受け入れられるために努力するんです。

10万人が喜んでくれれば、全世界とか、何千万人に受け入れられる必要はないんですよ。

そのためにコツコツやっていればいい。さきほどの粘菌の話ではないですが、全員が動かなくても、世の中は変えられるんです。

究極のところ、自分が食べていけて、まわりの人たちが幸せならそれでいいじゃん、っていうところから、商売って始まるんじゃないかって思うんです。

だからこの本もせいぜい10万部も売れてくれりゃいいなって。そうしたら、それがやがて派生していくから。

私、本屋ですけど、売れてる本には興味ないんですよ。

それは出版界っていう大きなところでやってもらってね。だって、売れてる本は黙ってたって売れるじゃないですか。

そのことに悪口なんかいわない、田舎のいいおじさんみたいな感じで、家族とか、従業員とか、まわりの人中心で、その人たちが幸せならいい。

それでもう自分の商売は十分繁盛してますよと。

とにかく、売り買いっていうのが生活の基盤なんだから、多少の不安があっても、それを細々とでいいから続ける。

いくら世界の人口が増えたって、10万人もいれば十分だと思いませんか？

とはいえ、その10万人が大変なんですけどね。

でも、みんな、なぜか、1億人とか、全世界とかね、グローバル社会だから、なんていって、そういうところを見ちゃうんですよね。

さらにそこで、未来への不安からお金を貯めなきゃって思う。

「自社ビル建てたい」なんていって。そういうのを見て、そこでみんな勘違いしちゃうんですよね。

商店街のお肉屋さんだったら、その商店街を元気にしようって、それだけ考えてがんばればいいって、思います。

うちの店の並びにおそば屋さんがあるんですけどね。そこの店長は消防団に所属してて、「火事だ～」っていえば、夜中だろうが明け方だろうが駆けつけるんですよ。そうしたら、おそば食べるならあの店だよね、って思いますよね。

江戸時代は、みんながまとまった横丁で生活してて、野菜はそこ、魚はあそこ、豆腐はそこって、それでお互い生活してたわけです。商売相手はせいぜい100人いるかいないかですよ。その人達は、みんな顔みしりで、誰かが困ってると助けに行ったりして、そこには絶対の信頼関係ってのが、言葉でワイワイいわなくってもできてたんです。

それに、賄賂って本来、義理人情の産物なんだって私は思います。

日本人は本来農耕民族ですから、お伊勢参りとか行きたいんだけど、実際に行ける人は少なかったですよね。

今は新幹線で名古屋まで行って、そこから特急電車で、行こうと思えば行けますが、昔はそうそう行けるもんじゃなかった。

だから、行けない人は、はなむけっていって、「餞別」を渡して、行く人は、行けない人の代わりも兼ねて、その人にお土産買ってくる。で、ありがとうございます、って。そんなことしてもらったら、袖の下だなんていわれてたって、頼まれたらがんばっちゃいますよね。

いまは「リベート」なんていやな言葉になっちゃいましたけど、自分を応援してくれた人から、やってくださいって頼まれたらねえ。

だからといって、昔はよかった、みたいな話をするつもりはありません。

今の時代、ありがたいことに、すごい便利になった。だからこそ、私は10万人っていっているのです。江戸時代は100人、今は10万人。

そんな時代に、どんなに小さい商売でも絶対勝てる、そういう道具があります。何だと思います？　それをご紹介しましょう。

# 21世紀商人の三種の神器
## ——どんな零細な商売でも勝てる道具

これがどんな小さな店でも絶対負けない、商売繁盛のための3つです。
・インターネット
・宅配便
・交通網
「なーんだ」って、思われた方もいらっしゃるかもしれませんが、ほんとうにそうでしょうか?

たとえば、今、東京から札幌まで飛行機で、だいたい1万5千円、1時間半くらいで行けます。新幹線で大阪までそのくらいの時間で行けますよね。

これってどういうことだかわかります？

つい100年くらい前まで、江戸の人が北海道まで行くっていうのは、ほんとうに大変なことだったはずです。

お金だってかかるし、時間だって相当かかったはず。しかも、基本的に歩いていくわけですから、途中で何が起こるかわからない。本当に命がけで旅をしていたわけです。

それが、今では、ひょっとしたら一生会えなかったはずの人にだって会いに行ける。

うちの本屋に本を買いに、沖縄からいらして、「せっかくだからお昼ご飯を食べに行きましょう」って誘ったら、「いえ、家内に、ちょっと本を買いに出てくる、っていって出てきたんで、すぐに戻らないと」なんて人もいたんですが、ありえないでしょう。

この話、本当ですよ。

宅配便だって、今日注文した商品が1000円かそこらで、明日には北海道に着いてしまう。その注文は、みんなインターネットのホームページで、いつでもできる。

これを当たり前だと思わないで、どれだけ恩恵を感じられるか、っていうのもあるのですが、この3つを、知恵を使って上手に利用すれば、「どんな商売でも絶対うまくいく！」って、よくお話をするんです。

インターネットでいつでもコミュニケーションができて、「この人にすすめたい！」っていう商品を翌日には届けられて、イベントに「足運び」すればリアルで会える。これってすごいと思いませんか？

昔の、横丁30世帯、１００人くらいのなかでの商いが、これで10万人になる。ここにいる人たちは、そのなかで人を喜ばせればいいんです。

# 弱肉強食のほんとうの意味

「商売がうまくいかないんだよね。困った、困った」っていう人の共通点ってわかりますか？　ショッピングモールができた、大手スーパーが駅前にできた。だからって、知恵を出すのをやめちゃう。みんなあきらめちゃうんです。

「弱肉強食」という言葉がありますね。強いものが弱いものをやっつける。これは自然の摂理だと。

でもね。強いものは、やたらいっぱい獲らないんです。

弱いもの、たとえばシマウマなどはたくさん子どもを産むけれど、ライオンはそれを全部獲ることはしません。だからちゃんと子孫が残る。

ちゃんとバランスをとっているから、今もシマウマは絶滅しないで残っているんです。それが前提です。

ところが、人間はそれを勝手に勘違いして、強いものはいっぱい金を儲けてよくて、弱いものはみんな破産してもしかたないという発想になっている。だからショッピングモールや大型スーパーができると、みんな「負け！」っていって、そこで降りちゃう。

商売って、本当のことをいうと、人生そのものなんだから、自分が今そこでできることをやればいいんだって思いますよ。

人間って、自分が楽しい仕事をして、喜んでくれるお客さんがいるのが一番幸せなんじゃないですか。それが、いわゆる自己啓発的にいうと、「自己重要感」というもので、それに特化することを考えればいいんです。

だから、自分が人を喜ばせることを一生懸命すればいい。

自分が楽しい仕事をして、楽しい仕事に特化すればいいんです。だって、人間にとって、それが一番幸せですよね。

「人を喜ばせる方法」って、考えればいくらでもあるんです。何度もいいますが、それを考えるのが、商人の仕事だと思います。

# クレームなんか聞かなくていい

たとえば、クレームばっかりいってくるお客さんがいたとしますよね。

私なら、「そういうお客さんは、来ていただかなくてけっこうです」っていいます。

そりゃ、こちらが悪いことしたんだったら、もちろんちゃんとお詫びしますよ。

でも、クレームがくると、キライなヤツもお客さんにしようとしちゃうじゃないですか？　例のアメリカ的なマニュアルのいうことを聞いちゃうと。クレームはお客様からの天の声です、なんていっちゃってね。キライなヤツはキライでいい。それでいいと思います。

うちの店にも、時々、「○マゾンなら3日で届くのに、なんでお宅は1週間もかかるんだ！」なんて苦情をいただきますが、それって、どっかと比べて、「そこと同じことやれ」っていってるんですよ。

それはうちだって、できるだけ早くお届けしたいという気持ちで、うちのできることを一生懸命やっているのに、そういうことをいわれたら、「すいませんね。それならうちの店でなく、そちらでお願いします」って返事をします。

他と比べられて、同じことをしなくちゃならなくなったら、こっちが苦しいだけです。

だから、よその店や会社と比べていってくる苦情には、耳なんか貸さなきゃいいんです。

「ここいい店だね。また来るよ」っていってくれる人だけ集めて、それで商売すればいいんです。

だって、キライなヤツまでお客さんにしようとすると、自分が苦しくなるだけでしょう？

商売と人生が一緒っていうのは、そういう意味でもあるんです。キライなヤツとつきあったってしょうがない。それでいいじゃないですか。

それよりも、うちの店で買い物をしてくれるお客さんを喜ばせることが一番うれしいし、楽しいはずですよね。

それをつきつめていったら、どんな商売も必ずうまくいくと思います。

その方法はいくらでもあるのに、負け組だっていわれたとたんに、「もうやめたい……」なんて考えて、あきらめちゃう。それはおかしいでしょう？

多くの人が、「あなたは負け組」と誰にいわれたわけでもないのに、自分で「ああ、負けちゃった」っていいって、知恵を出すことをやめてしまうんです。

時代が変わって、今は、自分の好きなことを徹底的にやれば、儲かる時代になりました。

あなたが今、自分のしている仕事のなかで、また、これからやってみたいことのなかで、一番ワクワクすることはなんですか？

それを考えてみましょう。

# お客さんより、売ってるほうがエライ

今でも、私のまわりには、「そんなことやってたって、儲かるわけないじゃん」っていう人間は、いーっぱいいますよ。

「自分の好きな本だけ売っていられていいですね」なんていわれることもあります。でも、こっちだって儲からないのをがまんして、自分の好きな本だけを集めて売ってるわけじゃない。

自分の好きな、ではなく、次の時代は「お客さん、これがきますよ」っていう本。「次の時代は、この本がきっとあなたの役に立ちますよ」っていう本を売る。

それが私の商売です。

でも、どんなにこれはいい本だと思っていても、だまって並べてるだけじゃダメですよね。

そもそも、昔から、たとえば、落語に出てくる「大工の熊さん」なんて人がいますが、大工さんだって、ふだんからいろいろ勉強してて、いろんなことを知ってる人じゃないと、仕事がこなかったたっていいます。

私が「これはいい本だ」ということを知っているのと同じように、酒屋さんは、このお酒はうまいぞ、っていうことを一番知っているわけです。

それを喜ぶお客さんに、それがどううまいかを伝えることを考える。「これはいい！」っていうものを伝える努力ですよね。

それには、お客さんより、売ってるこっちのほうがエラいんだ！　って思うくらいじゃなきゃいけません。

そのために一生懸命勉強して、「これはとってもいい商品で、買ってくれたお客さんは絶対喜ぶぞ」ということをどうやって伝えようかと考えていれば、みんな、何百通りもすごい知恵が出てくるはずです。

こうなると、ある意味、哲学者ですね。商人ってね、哲学者なんですよ。

知恵をしぼって考えれば、その商品と、それをすすめる自分に自信がつくんです。

他にないものを、ひとつの商品として、お客さんに対して、売るほうがエラいんです。

だって、こっちはその商品については全部知ってるんですから。

「へえ、そんなにいいものなら売ってください」って、お客さんが喜んで買っていってくださる。

そして次に見えたときに「あれ、おいしかったんで、またください」っていわれる店は、お店の人が、考えて、知恵を使ってお客さんが感動してくださった結果なんです。

## 「買ってください」では売れません

そのためにはまず、「買ってください」という言葉は口にしないようにしましょう。今日からやってくださいね。

そして、お客さんから、「これ、ください」っていってもらえるようにするにはどうするかを考えるんです。

たとえば、うちの店では、1万5千円もするんですが、とってもいい本があったので、これをおすすめしたいと思って、どうしようか考えました。

レジの横にわざと無造作に置いておいて、お客さんに「これ、どういう本なんですか?」って聞かれたら、「ああ、これ、お売りできないんですけど、すごくいい本なんです」って、いかにすごい本であるかを〝おいしいところ〟をかいつまんでお話しするんです。

そうすると、「あの〜、どうしても売っていただけませんか?」っていわれるから、「う〜ん。お客さんがどうしてもっていうならしょうがないですね」って。

あと、予約順番待ちですって、レジのところに、すでにお買い上げいただいたお客さんの名前を書いてズラっと貼っておいたんです。すると、「これ、どんな本なんですか?」って。

1万5千円もする、この本はうちの店ではベストセラーになりました。

こんな〝楽しいウソ〟なら、どんどんついてお客さんを喜ばせちゃえばいいんです。

そうしたら、お客さんは絶対「売ってください」っていってくださるようになりますよ。少しでいいから一歩出ていきましょう。

0から1を生み出すにはどうするか。

これが商人の知恵の使いどころです。

## 村松大輔『量子力学的仕事術』（サンマーク出版・2024年）

書名にあるように「量子力学」という最先端の物理学の言葉を聞くと「あー難しそうです」と、どなたも敬遠されるのではないでしょうか。確かに学問的に学ぼうとすると難しいのでしょうが、この本はそういうのは極力省いて「人間学」に落とし込んであります。本書にもありますが、量子力学は仏教哲学ととても類似しています。「この世で起きる全てのことは実態がなく幻想である」ということです。今までの概念から離れられないと、何をいっているのかさっぱりわからないと思いますが、そこからちょっと離れて望んで見れば目から鱗の世界が広がります。生きていれば、さまざまな悩みや壁が現れます。今まではそれらを乗り越えるか、ぶち破るかという見方で対処してきましたが、そもそもそれらは実態のないものという見方をすれば、悩み煩悶などはさっぱり消えてなくなることに気づきます。こういうモノの見方を手に入れて、毎日元気に過ごしたいものですね。

# 第五章

# 人を喜ばせる「アホ」になれば、商売も、人生も、みんなうまくいく

## あなたも今日から「アホ」になれる

ここまで、商売がどうすればうまくいくか、ということをいろいろ書いてきたわけですが、結局のところ、とにかく、「アホ」になれ、ということでしたね。

ここでいう「アホ」とはなにか？

「人を喜ばせるために、今の常識ではありえないことを本気で考えて、実行する人」

ひと言でいうならこういうことです。

「だからって、商売をうまくいかせるために、いきなり『アホ』になれっていわれても……」

そう思われたあなたに、今日から実践すれば、すぐに「アホ」になれるポイントをお教えしましょう。

アホになるということは、そうそうかんたんなことではありません。

だって、人間、「アホ」より「おりこう」になりたい人のほうが多いんですから。

でも、その時点で、すでに、世の中のものさしで自分を測ってしまっていることに気づいてください。

なにごとにおいても、初めてやる人は「アホじゃないの」とか「変なヤツ」とかいわれるもので、それは歴史も証明しているところです。

でも、世の中を動かしている張本人は、当時、「アホな人」と世間からいわれていた人なんです。

エジソンも、坂本龍馬も、その時代のものさしでは「アホ」といわれていました。

でも、そんな「アホ」が、世の中を動かしたんです。

「アホ」も「おりこう」も、ひょっとしたら、明日には非常識になるかもしれない今の世のものさしで判断されているだけです。

あなたは、「そんなのアホじゃん」といって世の中のものさしで測られながら、毎日毎日「うまくいかないなぁ」と下を向いて生きていく側と、それとも、「あいつ、アホだなぁ」といわれながら、そこからでっぱって、新しいものを作り出す側、どちらに行きたいですか？

自分や、自分の仕事、自分の商売を繁盛させたいのなら、そんな、世間様の評価にはビクともせず、世のため、人のため、己のために、ちょっとアホになって、「三方よし」を目指す。

そうすれば、そこには必ず同じ志を持った人が集まってきます。粘菌みたいにね。

そして、その同志で仕事をまわし助け合う。それが次の新しい時代を作っていく。

これも歴史がちゃーんと証明してくれています。

おいしいパンが食べたきゃ品田さんの店。

ちょっとおしゃれな服を着たけりゃ出路さんの店。

子どもの夏休みの宿題で困ったら植松さんのロケット教室……。

こうしてアホ同志で助け合っていけば、近いうち「アホ財閥」ができるんだと、私は確信しています。

ユダヤ財閥もそうですよね。彼らは歴史上、あらぬ迫害を受け続けながらも、世界の常識には目もくれず、お互い励まし、仕事をまわし助け合い、今では誰にも文句をいわれない、世界中から尊敬される財閥を作り上げました。

そんな、私たちのような、「ちょっとアホ」な仲間同士がみんなで働いて、繁盛していけば、「世界につながるアホの輪」を見て、「ヘンなの〜」と思っていた世間様も、あらびっくり！　いつの間にかみんなが巻き込まれて、きっとこの国は誰もが笑い合い、助け合う、楽しい国になるに違いありません。

「踊るアホウに、見るアホウ」なんていいますが、邪魔なものさしをとっぱらってしまえば、どっちにしてもアホなんですから、人が喜ぶアホになりましょうよ。

あ、そういえば、さっき思いついて、おもしろがって「google」に「清水克衛　アホ」って入れてみたら、４６００件もヒットしたんですよ。思わず笑っちゃいました。

「わかってる人は、わかってるなぁ」って。

あ、ここ、笑うところですよ。

「清水克衛〝が〟」とか、「清水克衛〝の〟」とかじゃないですよ、くれぐれも。

でもこの本が出たら、きっと「清水克衛　アホ」が、軽く一万は超えちゃいますね。

こんなわたしと一緒に、アホになっちゃいましょう！

# アホになるための、たった5つのポイント

これをやれば、必ず、イヤでも繁盛しちゃいますから、ここはぜひ袋綴じにしてほしいところです。

それは次の5つです。

先にいっちゃいますよ。たった5つです。

これだけできりゃいいんです。

やるか、やらないか。それだけです。

・根拠のない自信を持つ

・本気で人を喜ばせることを考える
・損得勘定なしで動く
・「今」の常識にしばられない
・自分が楽しいか、楽しくないかで決める

さて、いかがでしょう。

これだけ読んで、ご理解いただけたでしょうか。

実は、本書にはこれまで、この5つのポイントについて、書くべきことはすべて書いてきました。

ですが、『ここだけ読んでもためになる「まえがき」』なんてのを書いてしまった私ですから、「まず与えよう」という理念に基づいて、「ここだけ読んで即実践すれば必ず繁盛する！」最終章を、ここに展開いたします。

最後に、この5つのポイントについて、もう一度、解説していきましょう。

## 【人を喜ばせるアホになるために】

### その1 ―― 根拠のない自信を持つ

まず、アホになるための第一歩はこれしかありません。

どんなに困ったことが起きても、どんなに不利な状況に陥っても、「大丈夫、大丈夫～♪」と、笑顔でいられること。

「ああ、困ったなぁ……」と思ったら、「気のせい、気のせい♪」と口に出していうこと。

自分には、すごい力がある。特にこれなら誰にも負けない。これなら誰よりも、人を喜ばせることができる。

こっちはダメかもしれないけど、そんなのは、自分のできる部分でカバーするか、それができる人と協力し合えばいい。

そういうことですね。

ここで大事なのは、自分の才能を世間に認めさせてやる、というようなことではなく、自分のこの能力は、他の誰よりも人を喜ばせることできるぞ、という自信です。

自信ができれば気持ちに余裕ができます。

たとえば、経営者なら、毎月の集金など、資金繰りは、本当に頭を痛める大きな課題です。経営者にとって、キャッシュフローというのは一番たいせつな課題ですからね。

でも、そこで胃が痛くなったり、そちらが心配なばかりに、肝心の仕事に集中できなくなっては、まさに本末転倒です。

「お金のことなんかなんとかなるよ。自分なら、この仕事でちゃんと稼いで、すぐに返せるさ」という自信を、自分のなかに持つことができれば、それが根拠のないものであったとしても、お金を貸してくれている業者に対しても、相手を喜ばせる余裕が出てくる、なんていうのはいい過ぎでしょうか？

新規事業を立ち上げるときにも、「これをやれば喜んでくれる人が絶対いる」っていう自信があれば、会社員だろうが、起業家だろうが、条件は同じじゃないですか。もともと、根拠のある自信なんて、過去のデータからきているものにしかすぎないんですからね。

今まで、誰もやったことがないことをやるほうがおもしろいし、人は「びっくり」するでしょう。

これはいける、と思ったら、まずやってみること。

これが一番たいせつだと思います。

## 【人を喜ばせるアホになるために】

### その2 —— 本気で人を喜ばせることを考える

人を喜ばせるって、本当に楽しいですよ！

その人を、「泣かす、笑かす、びっくりさせる」ために、なにをやろうかって、まるで、いたずらを考えるときの子どもと同じです。

もうワクワクしちゃって、楽しくてしょうがない。たとえは悪いですが、まさに「ピンポンダッシュのガキ」みたいな気持ちです。

でも、これには、方法論や具体的な技術ってないと思います。

まず、今、目の前にいるお客さん、奥さん、だんなさん、子どもや従業員が、これをいったり、やったりしたら喜ぶだろうなぁっていうことを常に考える。

これに一番大事なことは何だと思いますか？

今や、マニュアルだらけの世の中ですよね。猫も杓子もマニュアルどおり。

売る側も、お客さんも、それをわかっちゃってるんです。だからそこで、マニュアルにはないことを、わざとやってみるんです。

それに一番必要なものってなんだと思いますか？

それは、「アドリブ力」なんです。

マニュアルって、誰でも同じようにできることを目的に作られているものですから、売る側は、誰がやってもロボットみたいに、プログラムどおりにしか動きません。

でも、お客さんはみんな、好きなものも、嫌いなものも違うし、求めているものが違う。常連さんだって、その日の気分や機嫌で、食べたいものも、なりたい髪形も、読みたい本も、そして、売る側の対応も違います。

お客さんは基本的にわがままですから、そこにどれだけ対応できるか、というアドリブ力が必要なのです。

たぶん、今、商売の世界で毎日いわれているクレームのほぼ全部が、マニュアルに頼った対応しかしていなかった結果、接客したあなたではなく、そのマニュアルに対するクレームなのではないか、という気もします。

商売は、人と人の間で行なわれるのですから、そこに「情」や気持ちが入るのは考えてみれば当たり前なんですね。

それを画一化して、マニュアルなんて通り一遍のものにしちゃうからおかしくなるんです。

もし、会社から与えられているマニュアルや、こうすればいいっていう経営や営業のノウハウ本があって、それをあなたが忠実にやっているのであれば、それは全部捨てちゃいましょう。

目の前にいるお客さんが、どうすれば一番喜ぶか、それを考えてやるほうが、ずっと楽しいし、結果的にお客さんが喜びますよ。

じゃあ、どうすれば、お客さんが喜ぶか?

それはね、あなたがお客さんだった場合、「自分だったらこうしてもらったらうれしい」っていうことをすればいいんです。

自分だったら、こうすれば、感動して泣いちゃうな、笑っちゃうな、びっくりしちゃうな、っていうことを考える。

それには、いつも、自分がそういうアンテナを張ってないとわかりませんよね。

これまで、自分は、どんなことをされたらうれしかったろう、泣いちゃっただろう、笑っちゃったなぁ、びっくりしちゃったなぁって。

これが結局、「自分磨き」ってことだったりするんです。

自分の感受性を磨くことで、それを相手にしてあげることができる。

人を「泣かす、笑かす、びっくりさせる」には、自分もどれだけそれを体験したか、それを感じるアンテナを磨いてきたか、ってことになるんじゃないでしょうか。

また、人を喜ばせるには、必ずしも大げさなものだけとは限りません。

たとえば、「クスっ」って笑わせちゃうだけでも、勝ちなんですよ。

それがたとえ、さむーいおやじギャグだっていいんです。笑かしたもん勝ちです。

本書の主題とはちょっとはずれちゃいますが、これ、実は恋愛にも効くんですよ。

商売も、やはり恋愛と共通点がいっぱいあると思います。

そう考えれば、人を喜ばせるって、仕事にも、人生にも、恋愛にも、共通するたいせつなことなんですね。

## 【人を喜ばせるアホになるために その3 ―― 損得勘定なしで動く】

商売っていうと、まず儲け主義みたいなところがあるように思われがちですが、もうおわかりのように、もともと商人は、今のビジネスマンと違って、「三方よし」とか、「稼ぎは三割、仕事が七割」とかっていうように、いつもお客さんが喜んで、まわりの人が喜ぶようなことをまず第一に考えていたんです。

今でもいるでしょう。何の得にもならないのに、自分だってそんなに余裕があるわけでもないのに、人が困っていたり、がんばっていたりするのを見ると、なんかしないと気がすまないっていう人。

父が亡くなってから、下宿させていただいていたお茶の先生、吉田晋彩先生の言葉に、びっくりぎょーてんしたことがありました。

ご近所で何か困ったことが起きると、「さあ！　出番だぞ！」っていうんですよ。

そして、まるで救急車のように、現場に駆けつけるんです。

まさに、教えられたわけではないのに、背中を見せられて教えられたその行動に、なんというか、「悟り」というものに触れた清水少年だったのでした。

「アホだねえ。1円の得にもならないのに、あんなことやっちゃって。お人好しにもほどがある」って、みなさん笑います。

そういう人って、この世の中では、よく「お人好し」っていわれますが、こういうのを「アホ」と呼ぶようです。

そりゃあ、なんにも得にはなってないかもしれませんが、「徳」になっていることは確かです。この「徳」っていうのが大事なんです。

これが、見えない財産なんだと思いますよ。別にいい話をしようと思っているんじゃないですよ。そんなこと、資本主義なんていうものが入ってくる前は、そっちが当り前でした。

「時代は螺旋状に進化しながら進む」とか、「振り子の法則」とか書きましたが、そのころの「当たり前」が、今、まさに進化して戻ってきたんだと、私は思います。

「徳」っていうのは、それをあてにしない行為が、人から感謝されて、信頼されるっていう、お金では買えないものです。

それは、あるひとつの行為としては、だれも気づかないこともあるかもしれません。でも、それができる人は、独特のオーラを放っていますから、それだけではなく、普段の行ないにも、それが出るんです。

そして日本人は、それを「見る目」をずっと昔から持っていて、今も変わっていない。実はそれ、見てる人は、ちゃんと見てますから。

ですから、安心して「お人好し」になって、徳を積んでください。

## 【人を喜ばせるアホになるために】
### その4――「今」の常識に縛られない

不安というものは、結局、世の中の常識からはずれるから、それを恐れたり、いやがったりするところから始まるのではないでしょうか？

「不況だ、不況だ」って、みんないってるから、一緒に「ほんとだ。不況だ」なんていって、自分から「ああ、不況だ。どうしよう」って考えてしまう。

そこで、私みたいに、「よし！　不況がきたぞ！　商人の出番だ！」なんていうと、「なにいってんの、アホじゃないの？」なんて笑われたりしますが、おそらく、そういわれるのがこわいから、まわりに合わせてしまって、苦しい思いを自分で勝手に作ってしまうんですね。

「今」の常識だって、ひと昔前は非常識だったんですよ。

鉄のかたまりが空を飛んで、東京から札幌まで1時間半で行けるなんて、誰も考えてなかった。

パソコンで全世界の人と繋がったり、たった今荷造りしたものが、明日には九州のお客さんの家の玄関に届くなんて、ちょっと前までありえなかったことでしょう。

それを成し遂げたのはだれかというと、そんな「ありえない」ことを考えて、実際にやった人です。

ビートルズなんか、最初は「不良の音楽だ！」とか、「あんなの音楽じゃない」とかいわれていたんですから。

まだ見たこともない、聞いたこともないものに対して、「ありえない」とか、「そんなの無理に決まってる」とかいっていた人たちこそが、「その時点での常識」ですよね。

これ、今も同じじゃないですか？

今だって、「ありえないよ、そんなの」っていう人、いくらでもいますよね。

理屈を並べて、批判したり、否定的なことばかりいって、可能性をつぶしていくだけの人。常識人とか、人格者とかいっちゃってね。

人格者になんかなっちゃいけませんよ。そんなもの、何も生み出しませんから。

「そんなの無理、無理。アホじゃないの？」っていわれたら、「へへへ。そうなんですよ。アホですみません」って、笑って、ありえないことをありえるものにしていくことを、だまって考えて、やり続けていけばいいんです。

そして、この「やり続ける」ということが、とってもたいせつです。

コーラだって、最初は、あんな黒くてシュワシュワした得体のしれないもので、「なんだこりゃ?」っていう反応しかなかったのを、「うまい、うまい」っていい続けた人がいたから、みんなも「ああ、うまい」っていうようになって、今では日本でも、どこに行ったたって売っているようになったんです。

それから、たとえば教育の現場でよくあるんですが、「今の子どもたちはこうなんです」っていう前提で話す人って多いでしょう。

この「今はこうなんだ」っていう、この「前提」ってものを、まず、とっぱらって考えましょうよ。今の時代はこうだから、って考えていると、ほんとうのことって見えないんじゃないかと思うのです。

今の常識は、明日、非常識になるかもしれません。

今、時代の移り変わるスピードは、どんどん早くなってきていますから。

それなのに、そんな今の常識人たちに耳を貸す必要なんかないんです。むしろ、みんながそういう、「今」の常識にとらわれているときこそ、チャンスなんです。

もう一度、植松さんの言葉を引用しますよ。

「できるわけがない、と思う人がいればいるほどラッキーです。だって、僕らがそれを現実にしますから。そうしたら僕らの一人勝ちじゃないですか」

## 【人を喜ばせるアホになるために】
## その5 ―― 自分が楽しいか、楽しくないかで決める

子どものころ、スカートめくりとか、ピンポンダッシュとか、いたずらってしたことありませんか？

「ない！」っていう人は、きっと、「そんないたずらやめなさい！」って怒られても、自分のやったことがいたずらだと思ってないだけかもしれませんよ。

どちらにしろ、子どものころ、「なにかしたい、なにかしよう」って思ったときって、ワクワクしませんでしたか？

そして、それを「やろう！」って決めるのって、判断基準はただひとつだったはずです。

――楽しいからやる。

商売も、実は同じなんだと思いますよ。

だって、新しいこと、まだ誰もやってないことを考えるって、ほんとうにワクワク

しませんか？　子どもがいたずらを考えるみたいで。

そこで、「儲かるか、儲からないか」「うまくいくか、失敗するか」って考えるとね、いろんなものが邪魔をするんです。

自分のなかにある、「常識にしたがっていたほうが楽かも」っていう気持ちとか、過去や、誰かの失敗例とか、ダメだったときどうしようっていう不安とか。

だから、そんな余計なことを考えるのではなく、「自分が楽しいか、楽しくないか」を判断基準にすればいいんです。

これってほんとうに重要なことだと思います。

「売り上げ目標はいくらだ！」とか、「何か月で初期投資をペイできるか」とかいうことは、やりながら考えていけばいいし、うまくいかないようなら、たぶんやっていることよりも、やり方が間違っているのだから、そこをちゃんと見て、そのやり方を直していけばいいんです。

だって、商売をやっている以上、儲けないといけませんからね。

これをやってみようっていうのは、自分が楽しくて、お客さんも、まわりの人も喜ぶこと。そこをしっかり考えたうえで決めるのが一番いいと思います。

でも、これが、「自分の夢だから」なんていって、自分の幸せだけを考えた「夢」だったら、それはいけませんね。それは夢じゃなくて、「欲」になっちゃいますから。

仕事だって、子どもがいたずらをしかけるときみたいに、「楽しいからやる」っていうのが、一番強いと思います。

ただ、子どものいたずらと全然違うのは、「それを人が喜んでくれるか」ということ。

「人を喜ばせるいたずら」を考える、っていってしまってもいいかもしれませんね。

そういうと、「ええ?」って思うかもしれませんが、ビジネスの世界でもいわれる「企画」っていう言葉は、「あることを行なうために計画を立てること」って辞書には書いてあります。この「企画」の「企」っていうのは、「くわだてる」っていう字でしょう。

「企てる」なんて、言葉だけでワクワクしてくると思いませんか。

「人を喜ばせることを企てる」んです。

なんか楽しいでしょう?

「じゃあ、人を喜ばせるためなら、何やってもいいのか」っていうことですが、いいんです。

人間って、真っ正直に生きていくっていうのは、しょせん無理な話です。ときにはインチキだってあり。そう思えば気持ちも楽になるでしょう。

みんなが喜ぶ、楽しいウソならどんどんついちゃっていいんです。

うちの店でも、「この本はお売りできません」「女性は読まないでください」というPOPを出しておくと、これが逆に売れて、あとで「すごくおもしろかったです」なんていわれることは珍しくないです。

この本だって、本当はどこかにでっかく、「もうすでに繁盛しちゃってる人には参考にならないので、買わないでください」って、書こうと思ったんですけど、さすがにそれは編集の人に止められました。

せっかく売れると思ったのに。

さて、これまでご紹介してきた5つのポイント、できそうですか？

せっかくここまで読んでいただいたのですから、どれでもいいから、どれかひとつでも、すぐに始めてくださいね。

そして、ぜひ胸を張って、人を喜ばせるために、「アホ」になってみてください。

そうすれば、あなたのご商売も、お仕事も人生も、きっとうまくいきます。

「アホが世界を救う」のです。

## ひろさちや『ゴータマの大予言』（佼成出版社・2024年）

2022年4月に亡くなった仏教学者のひろさちやさんの著作ですが、仕事場から発見された未発表原稿なのです。編集者にお聞きしたのですが、著者が亡くなっているため勝手に編集することができないので、最近騒がしいコンプラなどは考慮から外し、生の原稿をそのまま本にしたそうです。内容もユーモアに溢れています。ゴータマとはお釈迦様のことですが、そのお釈迦様が現代に蘇り、大財閥の会長さんと会社のこと、そして人はどう生きていけばよいのかなど、対話形式で進む物語です。私たち現代人には一見解決困難に思える大きな問題も、仏教的な観点で物事に接してみれば、未来に対して希望の光が見えて来るんじゃないかと思います。

## あとがき

『生きがいの創造』（飯田史彦著・ＰＨＰ研究所）という本をご存知でしょうか。この本は福島大学経済学部の教授である著者が、いわゆる「生まれ変わり」という不思議な世界を、科学的に説明しているちょっと楽しい本なんです。

私自身は、生まれ変わりなどの不思議な世界は、あってもなくても、どちらでもいいみたいな、いい加減なヤツですが、この本の中の、ある重要な部分が大好きなんです。

それは、

「人が何度も何度も生まれ変わるときに、あの世であらかじめ今世乗り越えなければならない問題を決めて、それを解いて成長するためにこの世に生まれてくる」

というところです。

これはどういうことかというと、たとえば、なにかしらの障碍をもっている人は、こうなることをあらかじめ知っていて、この世に生まれてきたんだということなのです。

この本によると、「障碍者の方は、自らの魂の向上のために、わざわざ厳しさを求めてこの世に来られた、すごい魂の持ち主なんだ」ということです。

私たち商人も、立地が悪いとか、時代が悪いとか、嘆いてちゃいけません。せっかく、問題を解いて、成長するために生まれてきたんですから、知恵を出して動いて、人を喜ばすことができる、大きなチャンスなんだととらえるべきでしょうね。

先日、近くの定食屋さんに出前を頼んだんです。すごく寒い日でした。

「すみませんねぇ。こんな寒いときに出前お願いしちゃって」

と申しましたらそのおじさん、ニコニコ満面の笑顔でこうおっしゃる。

「何いってんの！　商人が寒い暑いなんていってたら、おまんま食えねぇよ。感謝感謝。ありがたいねー。はい。1260円ね！」

今の世の中、「不景気」という言葉でかたづけるのは簡単ですが、「どうせ」「どうせ」……と、どんどん後ろ向きになり、その簡単な理由にからめとられていってしまいがちです。

そこで、先ほどご紹介した『生きがいの創造』に書かれていることを信じるならば、小さなお店や会社は、今こそ逆に、大きなチャンスなんだと思えませんか？　少なくとも、私自身は強くそう思っています。

本文では、たくさんの生意気なことを書かせていただきました。カチンときた方も多くいらっしゃったかと思います。ごめんなさい。ただ、私は、自分だけ成長するのはいやなんです。本書を読んでくださって、ご縁ができたみなさんといっしょに、成幸したいんです。

本意をご理解いただき、どうかご容赦くださいますように。

私たちみんなで、「仕事って、楽しくって、勉強になって、儲かるんだ！」という希望に満ちた姿を、次の世代の人たちに示してあげましょうよ。

読んでくださった皆さんと共に、明日へ進んで行けますよう、こころから願っています。今後とも、どうぞよろしくおつきあいいただけますように！

２００８年11月

清水克衛

## 復刻版おわりに

### 繁盛への道はこの本から始まっていた

姉さん、事件です。

さまざまなメディアで取り上げられ某有名メジャーリーガーやアーティストなどの著名人をはじめ、全国から人が訪れる東京は江戸川区にある本屋「読書のすすめ」さん。その店主で「本のソムリエ」と呼ばれ、自身も多くの著書を出されている清水克衛店長。

その清水店長の名著中の名著『繁盛したければ一等地を借りるな！』が、日本一勢いのある出版社エイチエスさんより復刊されることになったんです。

これは完全に事件です。

さらに。なんと。落ち着いて聞いてください。そのあとがきを私が書かせていただくことになったんです。

この滋賀の片田舎のいち整体師である私、えびちゃんがですよ。

患者さんにほっぺたツネってもらってめちゃ痛かったから夢じゃありません。

姉さん、これ、ほんまに事件です。大事件です。

私がこの本に出会ったのは2009年1月。

ふらっと立ち寄った地元の本屋さん。

29歳で脱サラし、5年間の整体修行を終え、自分の整体院を開業する場所に悩みまくっていた私。

そんな私の頭を思いっきし、シバきつけるようなその鮮烈なタイトル。

『繁盛したければ一等地を借りるな！』

この1冊との出逢いが私の運命を変えました。

「やっぱり駅近じゃないと」

「こんな駅から遠いところ、誰も来るわけない」

私が選ぼうとしていたテナントは、家賃も安く、広さも申し分ありませんでした。しかし、バスは1時間に1本。最寄駅から20分かかります。広大な田んぼに囲まれた住宅地の一角にある古びたアパートの一室。まさに一等地とはかけ離れた場所。みんなが反対するのは当然。駅前が良いのはわかっていました。しかし、家賃が3倍です。ある人からは「こんな辺鄙な場所でお前は絶対成功しない」とも言われました。そんなときに出逢った、この本のタイトルに強烈に背中を押されました。「よっしゃ！　ほんなら絶対ここで成功したる！」と開業したのです。

しかし、現実はそう甘くはありません。来ない。人が来ない。最初は祝儀で知り合いが来てくれました。でも最初だけ。どうしよう……家族もいるのに……このままでは深夜バイトでもするしかない……目の前が真っ暗でした。そんな時、一条の光を灯す様に私の目にまたもや、この本が飛び込んできました。

実はこの時まで私は、この本を読んでいませんでした（笑）。
「ウソやろ？」と思われるかもしれませんが、ほんまにこのタイトルに衝撃を受けたので、購入して満足し、整体院の片隅に積んだままにしていたのです。
導かれるようにこの本を開きました。お読みになった貴方ならわかると思いますが、この本を読んだときの私の感想は「なんて格好良いんだ！」でした。

世間とは、真逆なことをやってみろ？
クレームなんて聞かなくていい？

今までの自分の常識がガタガタと崩れていきました。

こんな発想があったんだ！
「商人《あきんど》」ってなんて格好いい言葉なんだ！

読み進めるほどに、胸の奥からぐぐぐーっと熱いものがこみ上げてきます。

「俺は整体業界の商人になる‼」
「徹底的に人を喜ばせるアホになる！」
読み終えたときにはそう決めていたのです。

さっそく、うちの整体院の指針を「読書のすすめ」さんと同じ、「泣かす、笑かす、びっくりさせる（ＮＷＢ）」の３つだけに変えました。

整体院という枠にとらわれずに変なプライドを全部捨て、この本の教えをド中心におき、「うちに来てくれる人を喜ばせるって、どうしたらいいんや？」と考え、思いついたことを片っ端から実践しました。

今までの自分のチラシを見直してみると、「おしゃれ感」「来てもらおう感」「儲けよう感」満載でした。「このチラシで誰が喜ぶねん！　見た人が笑顔になってくれたらええんや！」と人を励ますような言葉をでっかく書いたり、めちゃんこ笑顔の自分の写真を貼り付けたり、すべて手作りの白黒チラシに変えて、できるだけお金をかけずに自分の足で毎日配りまくりました。

他にもアホに徹していろんなことをやりました。患者さんの話を聞き出そうと首が取れそうになるくらい頷きまくったら、めっちゃ話をしてくれるようになったり、患者さんに「長年の痛みがマシになりました」と言われたら、「ほんま良かったですね！」と握手したり、バンザイしたり、吉本新喜劇並みに椅子からこけてびっくりしたりして、一緒に喜んでいたら、いつの間にか一緒に泣いていたり。帰り際、ちょっとでも笑顔じゃなかったら、追いかけていって「このままで帰しませんよ！」と少しでも笑顔になるまで帰さなかったり。

ある寒い冬には治療台の上にこたつを置いて、一緒にみかんを食べながら話を聞いていたら「先生、（痛みが）楽になりました！　今日はありがとうございました！」と整体してないのに言われたり。そうこうしていくうちに、こちらが「次回の予約どうされますか?」と聞かなくても、患者さんのほうから次回の予約をお願いされるようになっていました。

清水店長の「一見さんお断り」にも憧れて、「一回で治せ！　という人お断り」と書いて、店の前に張り出したら、「しっかり通って本気で良くしたい！」という人を紹介してくれるようにもなりました。
そうなるともっと喜んでもらおうと、さらに気合を入れて勉強し、技術も磨き続けた結果、どんどん店が良くなるし、みんな笑顔になるし、気づいたら、噂が噂を呼び、遠方からもたくさんの患者さんが来られる、いわゆる繁盛整体院となっていました。

すべてはこの本から始まっていたのです。すべては清水店長のこの本のお陰です。

幸運にも、あとがきを書かせていただくことになり、久しぶりに読み返しましたが、16年経ってもなんら色褪せないどころか、新たな発見や「あー！　忘れてた！　甘くなってた！」といった気づきだらけです。
「えびちゃん！　ちょいと『インテリ』になってないかい？」と清水店長に頭を叩かれた気分でした（実際の店長は叩きませんよ。念のため）。
断言できます。今こそ、世の中に必要なのはこの本だ！

あれから16年。清水店長には全国で開催されている「逆のものさし道」という勉強会で、2か月に一度、関西にお越しいただき、お世話になっています。10年前に憧れの清水店長に初めて出逢った時から、ずっと一緒に勉強会後にお酒を飲ませてもらっていますが、清水店長の話は、ほんまに面白くて格好良い。胸が熱くなる。まさに「生きるNWB」と言えます。店長のスパッ！　とした気持ちいい一言で、相談した人の顔がぱあぁ！　と明るくなっていくのを何度も見ました。私も経験があります。10年が経ちゃっと、「えびちゃん、最近、嘘くさい笑顔から本物の笑顔になってきたね！」という言葉をいただけました。泣くほど嬉しかった。泣いてはいないんですけど（笑）。

まだまだ道半ば。

「えびちゃんも空手やってんだからさー、わかるだろ？」

「押忍！」

酔った清水店長とこんな会話をする度に背筋が伸び、気合が入ります。

『繁盛したければ一等地を借りるな！』と店長に教えてもらい、一等地は借りなかったが、しっかり恩を「借りて」しまいました。

ありきたりの言葉ですが、この本と出合えたこと、清水店長に感謝しかありません。

読み終えたあなたは、私と同じくウズウズされていると思いますが、この本の中のどれかひとつでも、とにかく実践してみてください。きっと私のような奇跡があなたにも起きますよ。

清水店長、『繁盛したければ一等地を借りるな！』の復刊おめでとうございます。
また、復刊をしてくださったエイチエス株式会社の斉藤和則専務ありがとうございます。

この本のあとがきを書かせていただき、光栄至極でした。
これからもこの本の教え、清水店長のおすすめ本の教え、清水師匠の教えを実践しまくって、人を喜ばせまくっていきます。

押忍。

２０２５年１月

回福整体院　ここ・から　院長　恵比木　徹

本書は、二〇〇八年一二月三〇日に学習研究社より単行本として刊行されたものに、加筆修正し、復刻版として出版したものです。

本文記載の所属・役職などは出版時のものです。

## 清水 克衛　しみず かつよし

1961（昭和36）年東京生まれ。
書店「読書のすすめ」代表、逆のものさし道主宰。

大学在学中、たまたま暇つぶしのために読んだ司馬遼太郎『竜馬がゆく』第５巻との出会いがきっかけで、突如読書に目覚めるとともに、商人を志す。大手コンビニエンスストアの店長を10年務めたのち、平成７年に東京都江戸川区篠崎で小さな書店を開業。「10年や20年前の本でも、大正時代に書かれた本であっても、その人が初めて読む本はすべて新刊」という信条のもと、常識にとらわれない知恵と情熱で商いを続けた結果、全国からお客さんが訪れる繁盛店となる。
著書に、『「ブッダを読む人」は、なぜ繁盛してしまうのか。』『非常識な読書のすすめ』（以上、現代書林）、『魂の燃焼へ』（執行草舟氏との共著、イースト・プレス）、『魂の読書』（育鵬社）、『逆のものさし思考』（エイチエス）など、多数。

公式ブログ「清水克衛の日々是好日」
https://ameblo.jp/dokusume/

読書のすすめ ホームページ
https://dokusume.shop-pro.jp

# 清水克衛 既刊本

2010年8月にサンマーク出版より発行の
新装版として復刊。

「5%の人」とは
◎ 大衆の意見に左右されない
◎ 強い信念があり魅力的
◎ 周りの人を喜ばせる

## 5%の人

175 × 115mm ／ 164頁
定価 1,650円（本体 1,500円+税）
ISBN978-4-903707-97-6
発売日 2021/2/15

2012年1月にサンマーク出版より発行の
新装版として復刊。

他助とは、己の存在が、他を生かすこと。
それならば、夢やでっかいことを考えているより、他を生かすために、自分を磨いている人のほうが、数十倍かっこよい。

## 他助論

175 × 115mm ／ 184頁
定価 1,650円（本体 1,500円+税）
ISBN978-4-903707-96-9
発売日 2020/12/16

**世間に流されるな！　常識を疑え！**

世間のものさしをはずしてものごとを見ることで、「本当のことは何か」、「世間で言われていることの裏にはなにがあるのか」という問いと向き合う精神を育てることができます。

## 逆のものさし思考

著者：清水克衛
175 × 115mm ／ 156 頁
定価 1,650 円（本体 1,500 円＋税）
ISBN978-4-903707-87-7
発売日 2018/12/10

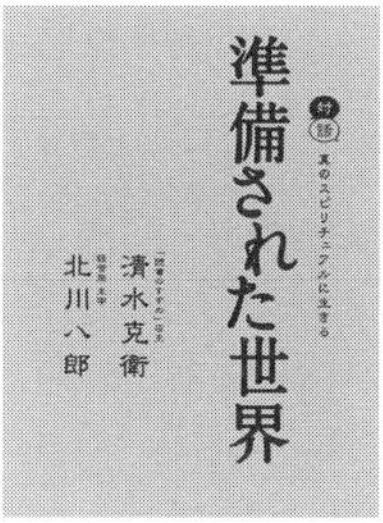


本書に書かれた北川八郎先生の話は不思議がいっぱいです。その言葉をどう受け取るかはあなた次第。最近の世の中はおかしいゾと思う人には、大事な気づきを与えてくれるはず。

## 準備された世界

著者：清水克衛、北川八郎
四六判変型上製本／ 140 頁
定価 1,650 円（本体 1,500 円＋税）
ISBN978-4-903707-84-6
発売日 2018/7/14

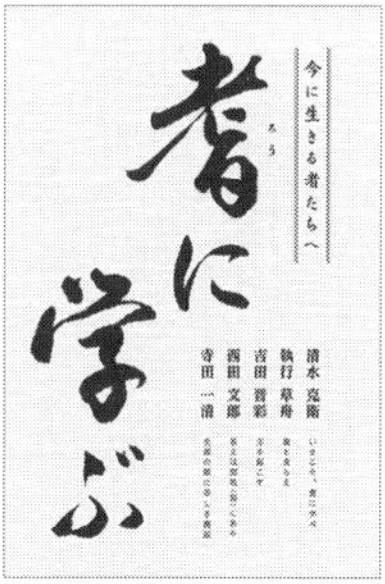


本来、老は「知恵者」「徳の高い人」という意味なんです。江戸時代には「老中」とか「大老」とか「家老」とか高い地位の人をこう呼んでいました。旨い知恵で、我々が進むべき道を示してくれている、それが「老」であり「耆」です。

## 耆に学ぶ　今に生きる者たちへ

著者：清水克衛、執行草舟、吉田晋彩、
　　　西田文郎、寺田一清
四六判上製本／ 208 頁
定価 2,200 円（本体 2,000 円＋税）
IISBN978-4-903707-68-6
発売日 2016/5/30

【繁盛したければ一等地を借りるな！】

初　刷 ―― 二〇二五年四月九日
著　者 ―― 清水克衛
発行者 ―― 斉藤隆幸
発行所 ―― エイチエス株式会社　HS Co., LTD.

064-0822
札幌市中央区北2条西20丁目1-12佐々木ビル
phone：011.792.7130　fax：011.613.3700
e-mail：info@hs-prj.jp　URL：www.hs-prj.jp

印刷・製本 ―― モリモト印刷株式会社
乱丁・落丁はお取替えします。



ISBN978-4-910595-13-9